KB175441

민주주의 혁명과
사회민주주의의 두 가지 전술

더 레프트 클래식 2
민주주의 혁명과 사회민주주의의 두 가지 전술

블라디미르 일리치 레닌 지음
이채욱 · 이용재 옮김

2015년 11월 23일 3판 1쇄 발행
1989년 5월 10일 초판 1쇄 발행
1992년 3월 20일 2판 1쇄 발행

펴낸이 한철희
펴낸곳 돌베개
등록 1979년 8월 25일 제406-2003-000018호
주소 (10881) 경기도 파주시 회동길 77-20 (문발동)
전화 031-955-5020
팩스 031-955-5050
홈페이지 www.dolbegae.com
전자우편 book@dolbegae.co.kr
블로그 imdol79.blog.me
트위터 @dolbegae79
페이스북 /dolbegae

편집 최혜리 · 남미은
표지디자인 김동신
본문디자인 김동신 · 이은정
마케팅 심찬식 · 고운성 · 조원형
제작 · 관리 윤국중 · 이수민
인쇄 · 제본 영신사

ISBN 978-89-7199-700-0 94300 / 978-89-7199-698-0 (세트)

이 도서의 국립중앙도서관 출판예정도서목록(CIP)은 서지정보유통지원시스템 홈페이지
(http://seoji.nl.go.kr)와 국가자료공동목록시스템(http://www.nl.go.kr/kolisnet)에서
이용하실 수 있습니다.(CIP제어번호: CIP2015031421)

더 레프트 클래식 2

민주주의 혁명과
사회민주주의의 두 가지 전술

블라디미르 일리치 레닌 / 이채욱·이용재 옮김

돌베개

초판 옮긴이의 말

요즘 신문과 방송에서는 소련의 페레스트로이카니 중국의 4대 현대화 계획이니 하면서 공산권 취재 경쟁에 열을 올리고 있다. 정부에서도 이른바 '북방외교'의 기치를 높이 들고 문화 교류니 경제 교류니 각종 문제 간행물의 '해금' 조치니 하면서 부산을 떨고 있다. 이제까지 미국과 일본을 비롯한 서방세계만이 우리의 우방이라던 정부·언론의 편향된 태도를 보아온 우리 같은 일반 국민, 보통 사람들은 어리둥절할 뿐이다.

　좀 냉정했으면 좋겠다. 페레스트로이카Perestroika라는 것은 재편이나 재건 또는 개혁을 뜻하는 말로서, 간단히 말해 사회주의 효율성을 극대화하기 위해 사회 전반의 운용 원칙을 재검토하겠다는 말이지 사회주의를 버리고 자본주의로 나아가겠다는 것은 아니다. 중국의 등소평은 '지금으로서는 어쩔 수 없이 서방의 자본, 기술을 들여오고 있지만 몇십 년 안에 서방세계는 사회주의로부터 교훈을 얻게 될 것'이라고 장담하고 있다. 이제부터라도 우리의 중심을 찾아야겠다. 그리고 우리에게 급속하게 다가오고 있는 색다른(?) 세계를 온전하게 이해하기 위해 그리고 그 세계의 이념적 토대를 제대로 이해하기 위해 많은 노력을 기울여야 할 것이다.

5

레닌의 이 저술을 한국어로 옮기는 작업도 바로 그러한 노력의 하나였다. 물론 이러한 작업이 이번에 처음으로 이루어진 것은 아니다. 특히 1987년부터 마르크스, 엥겔스, 레닌 등의 원전을 번역하는 작업이 아주 활발하게 진행되어 수십 가지나 시중에 나왔고 여러 측면에서 많은 기여를 한 바 있다. 우리 옮긴이들은 그러한 작업에 참여했던 많은 분의 노고를 분명히 인정하며 또한 그분들을 헐뜯겠다는 생각은 조금도 없다. 하지만 그분들의 번역물 중 만족스러운 게 거의 없다는 것이 솔직한 느낌이다. 몇몇 출판사는 이름에서부터 이론 내지 과학을 내세우고 있지만 사실 얼마나 그 이름에 걸맞은 봉사를 독자들에게 해왔는지 의문이 생긴다. 그동안 이러한 번역물들이 많이 나왔던 배경을 이해하지 못하는 것은 아니지만 무책임한 번역을 일삼는다는 것은 다시 말해서 독자와 저자 모두를 우롱하는 일일 것이다. 이제부터라도 올바른 번역 작업을 위해 모두가 힘을 모아야 할 것 같다. 올바른 번역의 책임은 일차적으로 번역자와 출판사의 몫이다. 번역자에 대해서만 언급하자면 일단 원문을 정확히 이해할 수 있고 그 내용을 정확하고도 알기 쉽게 우리말로 옮길 수 있어야 한다. 앞서 말한 번역물 가운데 우리가 검토해본 것들 대다수가 이 두 가지 조건 중 어느 쪽도 충족시키지 못하고 있었다.

물론 우리가 이러한 조건을 얼마나 충족시킬 수 있을는지는 알 수 없다. 하지만 얼마 안 되는 분량을 가지고 두 사람이 몇 달이나 매달려 좀 더 나은 번역을 내기 위해 최선을 다했다는 점은 자부한다. 두 사람이 함께 번역한 결과, 신경을 많이 썼음에도 불구하고 문체상의 완전한 통일을 이루는 데에는 좀 미흡했던 것 같다. 독자들께서는 이러한 결점이 독자에 대한 봉사라는 선의에서 비롯했다는 점을 너그러운 마음으로 헤아려 주셨으면 한다. 독자의 평가를 받은 뒤에 잘못된 점은 다음 판에 반영되도록 노력하고자 한다. 이 책의 우리말 번역은 영어 및 독일어 번역본을 대본으로 삼았고 번역 과정에서 논란이 있었던 곳, 특히 후반부는 러시아어 원본을 참조했다. 영어와 독일어 번역본을 러시아어 원본과 대조해본 결과, 크게 문제 삼을 만한 정도는 아니었으나 영어본의 여러 곳이 원본에서 멀어진 반면, 독일어본의 번역은 상대적으로나 절대적으로나 거의 완벽하다는 것을 확인할 수 있었다.

레닌의 이 팸플릿에 대해 간단히 소개하면서 옮긴이의 글을 마칠까 한다. 1905년 1월 9일의 이른바 '피의 일요일' 사건으로 촉발된 제1차 러시아 혁명은 아주 긴박하게 노동계급의 단결과 그 당의 통합이라는 과제를 제기했다. 노동계급의 자각이 급속하게 이루어지고 그 운동역량이 엄청나게 성장하는 상황을 맞았음에도 불구하고 러시아의 사회민주주의 세력은 제각기 판이한 혁명 전술과 전략을 내세우는 볼셰비키와 멘셰비키 간의 심각한 내분을 겪고 있었던 것이다. 바로 전자의 대표 격이었던 레닌은 이 두 분파의 대립에 깔려 있는 원칙상의 토대를 밝힘으로써 멘셰비키의 오류를 지적하고 당 전체를 볼셰비키의 올바른 전술적 강령 위에 통합시키겠다는 의도로 이 팸플릿을 썼다. 레닌 자신이 이 책에서 밝히고 있듯이 두 분파의 의견 대립이 발생하게 된 근본적인 출발점은 (제1차) 러시아 혁명

7

의 특수성, 다시 말해 후진적 자본주의 국가로서 러시아가 제국주의 시대에 경험하게 된 부르주아 민주주의 혁명의 성격 문제였다. 레닌이 파악하기에 새로운 시대의 부르주아 혁명이 이전 시대의 그것과 근본적으로 다른 점은 프롤레타리아트라는 계급의 독자적 대두를 가져온 이른바 계급적 세력 배치상의 변화였다. 레닌은 이 단계에서 자유주의적 부르주아지는 소극적 역할을 수행하다가 결국 혁명에서 이탈하고 말 반혁명적 계급이므로, 프롤레타리아트는 민주주의의 선도적 투사로서 혁명의 원동력이 되고 농민은 프롤레타리아트의 동맹자 역할을 수행하는 계급이 되어야 하며 프롤레타리아트의 당은 이에 따른 전술을 제공해야 한다고 주장했다. 이러한 주장은 부르주아지의 적극적 역할과 프롤레타리아트의 소극적 역할을 주장하는 멘셰비키의 현실 파악과는 거리가 멀었고, 부르주아 혁명 단계에서의 각 계급 역할에 대한 이 시각의 차이는 계급 간의 동맹 관계, 권력 형태, 사회주의로의 전화 등 모든 문제에서 두 분파의 의견 대립을 초래했다. 이 팸플릿을 통해 레닌은 바로 이런 주제들을 중심으로 볼셰비키와 멘셰비키의 입장을 비교·분석하고 있다.

원래 이 책의 번역을 마친 것은 1988년 9월의 일이었으나 몇 가지 사정으로 출간이 늦어졌다. 그에 따라 당시에 쓴 옮긴이의 글도 약간의 첨삭을 가하기는 했지만 때에 어울리지 않는 이야기가 되었는지도 모르겠다. 이 점 독자의 양해를 바란다. 끝으로 머리말부터 제9장까지는 이채욱이, 제10장부터 후기까지는 이용재가 옮겼으며 그 밖에 번역에 관련된 세세한 사항은

따로 일러두기에서 밝히고자 한다.

1989년 4월
옮긴이

3판 옮긴이의 말

『민주주의 혁명과 사회민주주의의 두 가지 전술』(이하 『두 전술』) 초판이 출간된 1989년 4월 이후 무려 26년이라는 긴 세월이 흘렀다. 그동안 확실해진 것은 무엇보다도 현실 사회주의는 완전히 사라졌다는 것, 또 사회주의가 현실에서 지속되기는 대단히 어렵다는 점이다.

현실 사회주의는 진실로 사라졌는가? 그렇다. 예컨대 소련과 동구권은 공식적으로 자본주의 체제로 복귀했다. 중국은 공산당 지배체제이기는 하지만 시장경제를 전면 수용하고 빈부격차가 한국보다 더 심하다는 말이 나올 정도이니 공산주의 국가일 수 없다. 쿠바나 베트남도 활발하게 시장경제를 수용하고 있다. 북한은 어떠한가? 북한 스스로는 공화국임을 내세우고 있으나 이는 사실과 전혀 다르다. 북한은 최고 지도자의 종신 집권, 권력 집중, 세습이라는 왕정의 3대 특성을 고스란히 보여주고 있다. 북한은 이론상 평등을 최고의 가치로 삼는 공산주의 사회와는 대척점에 있는 시대착오적 체제이며, 공산주의를 빙자한 김가네 왕조에 불과한 셈이다. 결국 세계 어느 곳에도 사회주의는 사실상 사라져버린 것이다.

이렇게 현실 사회주의가 소멸된 이유는 무엇일까. 이와 관련하여 수많은 분석이 있었지만, 필자가 생각하기에 가장 근본적인 문제는 마르크스주의에 내재된 인성론人性論이 아닐까 한다. 이는 "능력껏 일하고 필요한 만큼 분배를 받는다"는 명제에 잘 함축되어 있다. 즉 마르크스, 엥겔스와 그 계승자들은 인간을 합리적 존재로, 또 사회적 약자를 위해 자신을 얼마든지 희생할 수 있는 선한 존재로 상정한 듯하다. 하지만 현실의 인간 대다수는 별로 그렇지 않다. 이는 인간이 생명체이기 때문이다. 곧, 인간에게는 생존 본능이 있고, 생존 경쟁은 당연하며, 그 결과 어느 정도의 불평등은 피할 수 없기 때문이다. 사회주의 체제의 붕괴는 결국 '인간의 본성'을 거스르는 평등이라는 이념에 매달린 것과 깊은 관계가 있는 듯하다.

이와 관련하여 흥미로운 것이 사회주의 사회의 독재 문제이다. 과거 사회주의 국가들은 예외 없이 독재로 비난을 받아왔는데, 이 독재란 "모든 국가는 계급독재의 도구"라는 마르크스주의 국가론의 독재가 아니었다. 당의 독재였고, 극단적으로는 1인 독재였다. 이러한 상황은 우연이 아니라 필연이었다. 엇비슷한 임금을 받고, 게을러도 해고하기는 쉽지 않은 '노동자의 나라'에서 노동자는 제대로 일할 리 없고 그 사회는 제대로 작동할 리 없었다. 국가나 당으로서는 선전, 선동은 물론 감시와 강제를 동원하지 않을 수가 없고, 이는 곧 독재를 의미했다. 한편 독재란 권력집중을 뜻하고 이는 반드시 부패를 수반하게 마련이었다. 권력의 중심에 가까울수록 특혜를 누리고 부패에 물든 반면, 인민은 타성에 젖어 활력을 거의 잃어버린 사회가 온전할 수는 없었다. 결국 현실 사회주의는 해체되고 자본주의

11

세계로 편입되고 말았다.

　그렇다고 해서 자본주의의 모순이 사라지는 것은 아니다. 작금의 자본주의 세계는 오히려 더욱 흉포한 모습을 보여왔다. 특히 현실 사회주의가 해체될 즈음부터 불기 시작한 이른바 신자유주의의 광풍 이래 자본주의는 도대체 염치를 모르는 극악한 모습을 드러냈다. 그 결과 세계적으로 빈부격차가 심화되고 대다수 사람들의 삶은 현재든 미래든 희망이 없어져 가고 있다. 이런 현상은 특히 한국에서 극심하다. 따라서 자본주의의 문제를 해결하거나 완화하려는 지난 모든 업적에 대한 검토는 여전히 의미 있는 일일 듯하다. 그중 마르크스주의는 앞서 언급한 결정적인 결함에도 불구하고 자본주의에 관한 탁월한 분석 도구이다.『두 전술』의 재출간도 이런 면에서 의미를 찾을 수 있지 않을까?

무릇 어떤 이론이든 현실의 분석에서 도출되어야 하며, 현실에 적용하여 문제가 되면 그 이론은 마땅하게 수정해야만 한다.『두 전술』에서 레닌이 개진한 몇 가지 주요 입장도 이론과 현실의 대립이 극명하게 나타날 수 있는 사례라고 할 수 있다. 이와 관련하여 러시아 혁명운동의 일면을 간단히 살펴보기로 하자.

　1880~90년대 러시아에서는 인민주의 세력과 마르크스주의 세력 사이에 격렬한 자본주의 논쟁이 전개되었다. 인민주의는 자본주의가 인민에게 엄청난 고통을 안겨주므로 자본주의를 거치지 않고 곧바로 무정부주의 사회로 이행해야 한다는 이른바 직접이행론을 주장했다. 반면 마르크스주의는 자본주의

란 고통스럽기는 해도 풍요로운 공산주의 사회의 물질적 전제 조건이며 또 그 어떤 사회도 건너뛸 수 없는 불가피한 역사발전 단계라고 주장했다. 따라서 자본주의에 조응하는 부르주아 혁명이 있어야 하고 이후 자본주의가 고도로 발전하기까지 오랜 기간을 보낸 후에야 비로소 사회주의 혁명이 가능하다는 이른바 2단계 혁명론을 주장했다. 이 논쟁은 당시 급속하게 진행되던 산업화, 곧 자본주의적 발전이 돌이킬 수 없는 현실이 되어가던 상황에 힘입어 결국 마르크스주의의 승리로 끝났고, 인민주의는 '인민'주의라는 깃발을 내리지는 않으면서도 사실상 마르크스주의의 2단계 혁명론을 수용하는 어정쩡한 입장을 취했다.

한편 마르크스주의 세력의 결집체였던 러시아 사회민주노동당은 1903년 제2차 전당대회에서 볼셰비키와 멘셰비키로 분열했다. 당 대회 당시엔 다소 불확실했던 이 분열의 원인은, 1905년의 혁명에 대응하는 양쪽 전술·전략에 나타난 큰 차이로 명확해지기 시작했다. 그 차이를 볼셰비키 입장에서 정식화한 것이 바로『두 전술』이다. 본디 인민주의가 생각한 혁명의 주체는 농민이었던 반면 사회민주주의가 생각하는 혁명 주체는 노동계급이었다. 1905년 혁명이 발생했을 때 멘셰비키는 이 혁명이 전제정을 타도하기 위한 것이며, 타도 후에는 부르주아지가 권력을 장악하는 것이 당연하다고 여겼다. 따라서 사회민주노동당이 할 일은 노동계급의 광범위한 조직이었다. 반면 레닌은『두 전술』을 통해 '노동계급과 농민의 혁명적 민주주의 독재'의 수립을 당면한 혁명의 목표로 설정했다.

13

레닌이 보기에 새로운 시대의 부르주아 혁명이 이전의 혁명과 근본적으로 다른 점은 프롤레타리아트라는 계급이 독자적으로 대두했다는 점이었다. 이 단계에서 자유주의적 부르주아지는 소극적 역할을 수행하다가 결국 혁명에서 이탈하고 말 반혁명적 계급이며, 따라서 프롤레타리아트는 민주주의의 선도적 투사로서 혁명의 원동력이 되고 농민은 프롤레타리아트의 동맹자 역할을 수행하는 계급이 되어야 하며 프롤레타리아트의 당은 이에 따른 전술을 제공해야 한다고 주장했다. 이는 기존의 2단계 혁명론에서 명확히 이탈한 입장이었다. 곧, 레닌은 기존 이론이 현실과 맞지 않으므로 기본 전략을 수정해야 한다고 주장한 셈이다.

나는 『두 전술』에서 나타난 레닌의 생각 가운데 크게 세 가지 문제가 주목할 만하다고 본다. 첫째, 1905년 혁명이 더 이상 '부르주아' 혁명이 아니라 제목에 나와 있듯이 '민주주의' 혁명이라고 한 점이다. 그는 이 '민주주의'라는 용어를 어떤 의미로 썼는지 구체적이고 명확하게 밝히고 있지는 않다. 독자의 이해를 돕기 위해 한마디 하자면 부르주아 혁명의 전형적인 예로는 프랑스대혁명이나 1830년 7월혁명을 들 수 있다. 이 두 혁명은 부르주아지가 주도했고 그들의 이익을 주로 관철했으며, 이들이 추구한 이념은 자유주의였고 그 핵심적 내용의 하나는 제한선거제의 채택이었다. 반면 민주주의는 프랑스 대혁명의 상퀼로트 sans-culotte 전통과 연결된다고 볼 수 있는데, 그 핵심적 내용은 보통선거제의 실시와 생존권의 보장이었다. 이는 오늘날의 자유민주주의보다는 사회민주주의와 가까운 것이었다.

둘째, 레닌은 노동계급과 농민의 동맹을 주문했다. 그의 전략은 다른 세력과 강조점이 크게 달랐다. 인민주의가 2단계 혁명론을 수용했다고 해서 농민을 포기한 것은 물론 아니었으나, 그들의 주된 활동 대상은 노동계급이었다. 또 사회민주노동당은 전통적으로 노동계급을 혁명의 주역으로 상정했고, 농민의 혁명역량에 대해서는 불신하는 경향이 강했다. 특히 트로츠키는 농민의 혁명성에 대해 철저히 불신하였다. 따라서 레닌의 노농동맹은 사회민주노동당, 특히 멘셰비키 입장에서는 상당히 받아들이기 어려운 주장이었다. 볼셰비키 내에서도 노농동맹의 명제가 진심으로 수용되었던 건 아니었다. 이는 뒷날 1920년대 네프NEP(신경제정책) 시기에 전개된 공업화 논쟁에서도 그러하였고, 1929년 농민의 전면적인 희생을 전제로 한 스탈린의 급속한 공업화 정책에서도 입증된다.

셋째, 레닌은 끊임없이 "프롤레타리아트와 농민의 혁명적 민주주의 독재"라는 명제를 언급하고 있다. 레닌 스스로는 이러한 독재를 부르주아 혁명과 사회주의 혁명의 중간 단계로 설정한 것으로 보인다. 하지만 독재란 반드시 권력 장악을 전제로 한다. 그렇다면 노동계급과 농민이 권력의 주체가 되는 것이다. 또 이 체제하에서 농민에 대한 근본적 토지 재분배를 실시하고 공장에서 노동자들의 여건을 완전하게 개선하려 한다면 이는 결국 부르주아지나 토지귀족들과의 내전 상태로 귀결되지 않을까? 레닌은 이에 대해 아주 정교하게 설명하고 있지만 그러한 상황이 현실로 존재할 수 있을지는 의심스럽다.

15

한국사회로 돌아와 생각해보면, 저출산, 노령화, 과로사, 자살률에서 세계 선두권을 다툰다는 점에서 자본주의의 모순으로 인한 병증이 이미 심각한 수준이다. 특히 저출산으로 청년 인구가 급감하고 있는데도 청년 실업이 극심한 현실, 청년들이 노인을 부양하기는커녕 제 앞가림도 할 수 없는 현실에서 한국사회가 어찌 안녕할 수 있을까?

영혼을 팔아서라도 직장을 구하고 싶다는 취업준비생, 정규직으로 전환만 되면 소원이 없겠다는 비정규직…… 그런가 하면 정규직 중 상당수는 정규직이 되어서도 저임과 과로 노동에 직면하여 절벽 위에 서 있다. 이런 상황에서 대중의 가처분소득은 줄어들고 내수는 죽을 수밖에 없다. 곧, 극단적인 임금 떼어먹기는 기업가들 스스로가 제 무덤을 파는 일인 것이다. 우리 사회의 파국은 그리 멀지 않아 보인다. 따라서 우리 사회의 절박한 당면 목표는 주 40시간 노동, 초과노동 수당 지급, 동일노동 동일임금, 최저임금의 생활급화를 통하여 정규직을 늘리는 것이 되어야 한다. 이렇게 해야만 우리 사회는 파국을 피하고 선순환의 길로 들어설 수 있다. 정재계의 지도층은 더는 창조경제니 노동개혁이니 하는 꼼수를 부리면서 눈앞의 이익에 급급할 게 아니라 제발 지속가능한 사회가 뭔가에 대해 깊이 생각해주기를 바란다.

2015년 11월
번역자를 대표하여 이채욱

일러두기

1 　이 번역의 대본으로는 영어판『선집』(V. I. Lenin, *Selected Works*, Progress Publishers, Moscow, 1968)의 "Two Tactics of Social-Democracy in the Democratic Revolution"과 독일어판『선집』(W. I. Lenin, *Ausgewäehlte Werke*, Berlin, 1971) 제2권을 사용했으며, 부분적으로 러시아어판『전집』제5판(V. I. Lenin, *Pol'noe Sobranie Sochinenii*, Moskva, 1979)의 제11권을 참조했다.

2 　본문의 인용문 중 〔 〕 안의 내용은 레닌이 첨언한 것이다.

3 　각주는 각 면에 나오는 순서에 따라 *, **, * 로 표시했다. 별도의 표시가 없는 각주는 레닌의 원주이며, 그 밖의 추가된 각주는 끝에 [1907년 판의 레닌 주], [영문판 주], [옮긴이 주] 등을 달아 표시했다.

4 　후주는 영문판의 것을 옮긴 것으로 본문과 각주에 모두 있으며 나오는 순서에 따라 숫자로 표시했다.

5 　본문이나 주에서 언급되는 옮긴이는 모두 한국어판 옮긴이를 말한다. 각주에 언급되어 있는『전집』은 총 45권으로 이루어진 *Collected Works* (translation of the fourth enlarged Russian edition, Moscow, 1960~1970)를 가리킨다.

6 　이 책에 나오는 인명이나 지명은 현행 외래어·외국어 표기법을 원칙으로 삼아서 썼다. 간행물의 이름 가운데 자주 반복되면서도 표기하기가 번거로운 것은 번역하여 썼다.(예: 오스보보즈제니예 → 해방, 소치알데모크라트 → 사회민주주의자)

17

7   러시아어에서 볼셰비키나 멘셰비키는 모두 복수 명사이
    나 우리말에서는 이미 하나의 정파 내지 그 구성원을 가리
    키는 말로 굳어진 것으로 보아 단수, 복수를 구분하지 않고
    사용했다.

8   이 책에 나오는 모든 날짜는 소비에트 출범 이전의 구력舊
    曆(율리우스력)으로 표시되어 있으며 괄호 안에 나오는 것이
    신력(그레고리력)의 날짜다. 구력으로 표시된 날짜에 13일을
    더하면 신력의 날짜가 된다.

차례

민주주의 혁명과 사회민주주의의 두 가지 전술[1]

1905년 6~7월에 씀
1905년 7월에
제네바에서
러시아 사회민주노동당 중앙위원회가
팸플릿 형식으로 펴냄

『전집』 제9권

머리말

혁명기에는 제諸 사건과 발맞춰나가기가 아주 어렵다. 그 사건들이 혁명 정당들의 전술적 슬로건을 평가하는 데 필요한 새로운 자료를 놀랄 만큼 많이 쏟아내기 때문이다. 이 팸플릿은 오데사Odessa 사건[2]이 일어나기 전에 쓴 것이다.[•] '과정으로서의 봉기'uprising as process 이론을 만들어냈던, 그리고 임시 혁명정부를 위한 선전을 거부했던 사회민주주의자들까지 이런 사건들로 말미암아 어쩔 수 없이 적들 편으로 실제로 넘어갔거나 넘어가기 시작했다는 사실을 우리는 이미 『프롤레타리』[3](제9호에 실린 「혁명은 가르친다」)[••]에서 지적한 바 있다. 의심할 나위 없이 혁명은 평화로운 정치 발전기였다면 믿기지 않았을 정도로 빠르고도 완벽하게 가르친다. 그리고 특히 중요한 것은 혁명이 지도자들뿐 아니라 대중 또한 가르친다는 사실이다.

혁명이 러시아 노동자 대중에게 사회민주주의를 가르치리라는 것은 조금도 의심할 바 없다. 다양한 사회계급의 진정

- [•] 무장 순양함인 포툠킨Potemkin호에서 일어난 반란[2]을 일컫는다. [1907년판의 레닌 주]
- [••] *Collected Works* Vol.9, p.148을 볼 것. [영문판 주]

한 성격을 드러냄으로써, 다시 말해 우리 민주주의의 부르주아적 성격을 드러내고, 농민 ─ 부르주아 민주주의적 의미에서는 혁명적이면서도 '사회주의화'의 관념을 간직하고 있다기보다는 농민 부르주아지와 농촌 프롤레타리아트 사이의 새로운 계급투쟁의 씨앗을 간직하고 있는 ─ 의 진정한 열망을 드러냄으로써 혁명은 사회민주주의의 강령 및 전술이 옳다는 것을 실천 속에서 확인해줄 것이다. 예컨대 러시아 자본주의의 발전 문제, 우리 '사회'의 민주주의적 성격 문제, 농민봉기의 완벽한 승리가 지니는 의미의 문제 따위에 관한 '사회혁명당'[4] 강령 초안에서 아주 뚜렷이 드러나는 낡아빠진 인민주의의 오랜 환상들, 이 모든 환상은 혁명에 의해 완벽하게 그리고 가차 없이 일소될 것이다. 다양한 계급은 처음으로 진정한 정치적 세례를 받을 것이다. 이 계급들은 혁명을 거치면서 뚜렷한 정치적 모습을 띠고 나타날 것이다. 왜냐하면 이 계급들은 이념가들의 강령 및 전술적 슬로건뿐만 아니라 대중의 공개적 정치행동에서도 스스로를 드러낼 것이기 때문이다.

　의심할 나위 없이 혁명은 우리를 가르칠 것이며 인민 대중을 가르칠 것이다. 하지만 지금 전투적 정당이 부딪치고 있는 문제는 다음과 같다. 우리는 혁명에게 뭔가를 가르칠 수 있을 것인가? 혁명에 프롤레타리아트의 모습을 새기고, 말이 아니라 행동으로써 혁명을 진정한 결정적 승리로 이끌며, 민주주의적 부르주아지의 동요, 미적지근함, 변절 따위를 무력화하기 위해 우리는 우리 사회민주주의 교의의 올바름을, 오직 하나의 완전한 혁명적 계급인 프롤레타리아트와 우리의 유대를 이용할 수 있을 것인가?

　바로 이 목표를 위해 우리는 온 힘을 기울여야 하는데, 그 목표의 성취는 한편으로는 정치상황에 대한 우리의 평가가 정확한가, 그리고 우리의 전술적 슬로건이 올바른가에, 다른 한편으로는 이런 슬로건이 노동자 대중의 실질적 투쟁으로 뒷받침되느냐 여부에 달려 있다. 우리 당에 있는 모든 조직 및 집단의 모든 일상적·정규적·일반적 작업, 곧 선전·선동 및 조직 작업은 대중과의 결합을 강화·확대하는 데 맞춰져 있다. 이런 작업이 늘 필요하기는 하지만, 혁명기에는 평상시와 달리 그런 작업으로 충분하다고 볼 수 없다. 그러한 시기에 노동계급은 공개적인 혁명행동을 위한 본능적 충동을 느끼는데, 우리는 이 행동의 과제를 올바로 설정할 수 있어야 하며 이러한 과제가 가능한 한 널리 알려지고 이해되도록 해야 한다. 대중과 우리의 유대에 관한 요즘의 비관론이 혁명에서 프롤레타리아트의 역할을 보는 부르주아적 관념의 은폐물로 쓰이는 일이 아주 흔하다는 사실을 잊어서는 안 될 것이다. 우리가 노동계급을 교육하고 조직하기 위해 해야 할 일이 아직도 많다는 것은 의심할 바 없다. 하지만 이제 문제의 요점은 이러하다. 이 교육 및 조직 작업에서 우리는 정치적 주안점을 어디에 두어야 할 것인가? 노동조합 및 기존의 합법적 결사(結社)들에? 아니면 봉기, 다시 말해 혁명군과 혁명정부를 창설하는 일에? 두 가지 일 모두 필요하다. 하지만 현재의 혁명에서 문제는 이것으로 귀결된다. 노동계급을 교육하고 조직하는 작업에서 강조해야 할 것은 전자와 후자 가운데 어느 쪽인가?

25

혁명의 결과는 노동계급이 부르주아지의 보조자, 다시 말해 전제정에 대한 공격력으로서는 강력하지만 정치적으로는 무력한 보조자의 역할을 할 것인가, 아니면 인민혁명의 선도자 역할을 할 것인가에 달려 있다. 바로 그렇기 때문에『오스보보즈제니예』*Osvobozhdenie*(이하『해방』)⁵에서는 노동조합과 기존의 합법적 결사들을 지금 전면에 내세우는 경향을 띤 사회민주주의 안의 경제주의, 곧 아키모프주의를 찬양하고 있는 것이다. 바로 그 때문에 스트루베 씨는 (『해방』 제72호에서) 새『이스크라』*Iskra*(『불꽃』)⁶적 관념들의 아키모프적 경향을 환영하고 있는 것이다. 바로 그 때문에 그는 러시아 사회민주노동당 제3차 대회⁷에서 채택한 결정들의 '혐오스러운 혁명적 편협성'을 그토록 심하게 헐뜯는 것이다.

사회민주주의자가 대중을 지도하기 위한 올바른 전술적 슬로건들을 갖는 일은 요즘 들어 더없이 중요하다. 혁명기에, 원칙에 충실한 전술적 슬로건의 중요성을 하찮게 보는 것보다 더 위험한 일은 없다. 예컨대『이스크라』 제104호는 사실상 사회민주주의 운동의 적들 편으로 넘어가고 있는 동시에, 많은 오류와 실책 따위를 저지를지언정 시대를 앞서가면서 그 운동이 나아갈 길을 제시하는 슬로건과 전술적 결정의 중요성을 얕보고 있다. 그러나 사건의 꽁무니에서 꾸물대기만 하는 게 아니라 철저한 마르크스주의 원칙의 정신으로 프롤레타리아트를 지도하길 바라는 당에 있어서 올바른 전술적 결정을 마련하는 일은 엄청나게 중요하다. 러시아 사회민주노동당 제3차 대회와, 이 당에서 떨어져 나간 분파의 협의회*에서 채택한 결의안들에는 전술적 견해가 아주 엄밀하고 아주 주의 깊게 고려된 결과로 아주 완벽하게 표현되어 있는데, 그 견해는 필자들 개개인이 우연히 표명한 것이 아니라 사회민주주의적 프롤레타리아트의 책임 있는 대표자들이 받아들인 것이다. 우리 당이 다른 모든 당보다 앞서 있는 것은 엄밀한 그리고 일반적으로 받아들여지는 강령이 있기 때문이다. 또한 우리 당은 민주주의적 『해방』파 부르주아지의 기회주의나 사회혁명당원들의 혁명적 미사여구와는 달리, 전술적 결의안에 대한 원칙 있는 태도를 제시함으로써 다른 당에 본보기가 되어야 한다. 저들은 혁명이 시작된 뒤에야 비로소 갑작스럽게 강령 '초안'을 들고 나설 생각을 하거나 자기들 눈앞에서 진행되고 있는 것이 부르주아 혁명인가 여부를 처음으로 검토할 생각을 하게 된 것이다.

바로 그 때문에 우리는 러시아 사회민주노동당 제3차 대회 및 협의회의 전술적 결의안을 주의 깊게 살펴보고, 마르크스주의 원칙에서 벗어난 어떤 편향들이 그 결의안에 들어 있는가를 규정하며, 민주주의 혁명에서 사회민주주의적 프롤레타리아트가 수행해야 할 구체적 과제를 명백하게 이해하는 일이 혁명적 사회민주주의자들의 가장 절박한 과제라고 생각한다. 이 팸플릿은 바로 그런 작업을 위해 쓴 것이다. 또한 마르크스주의 원

● 러시아 사회민주노동당 제3차 대회(1905년 5월, 런던)에는 볼셰비키만 참가했으며, 반면 멘셰비키는 따로 '협의회'(같은 기간, 제네바)에 참가했다. 이 팸플릿에서는 후자를 주로 '새 『이스크라』파'라고 칭하고 있다. 그것은 그들이 『이스크라』를 계속 펴내면서, 당시 자신들을 지지했던 트로츠키를 통해 옛 『이스크라』와 새 『이스크라』 사이에는 넘을 수 없는 큰 간격이 있다고 선언했기 때문이다. [1907년판의 레닌 주]

27

칙과 혁명의 교훈이라는 입장에서 우리의 전술을 시험해보는 일은, 앞으로 이루어질 사회민주노동당 전체의 완벽한 통합에 토대가 될 전술적 통합의 길을 닦기를 (입으로 충고만 떠들어대는 게 아니라) 진정으로 바라는 사람들에게 필요하기도 하다.

1905년 7월
N. 레닌

1 절박한 정치적 문제

현재의 혁명적 시점에서 일정에 올라 있는 것은 인민제헌의회의 소집 문제이다. 여론은 이 문제를 어떻게 풀어야 하는가를 놓고 분열되어 있다. 세 가지 정치적 경향이 모습을 드러내고 있다. 차르 정부는 인민의 대표들을 소집할 필요성은 인정하지만, 어떤 상황에서도 그 회의가 인민적이거나 제헌 기능을 수행하도록 허용하고 싶어하지는 않는다. 우리가 불리긴 위원회[8]의 작업에 관한 신문보도를 믿을 수 있다면, 차르 정부가 기꺼이 동의할 듯한 것은 선동의 자유 없이, 그리고 제한선거권, 다시 말해 특정한 사회신분에만 선거권이 주어지는 제도에 따라 선출되는 일종의 자문의회이다. 혁명적 프롤레타리아트는 사회민주주의의 지도를 받고 있기 때문에 권력을 제헌의회에 완전히 양도할 것을 요구하며, 이 목적을 위해 보통선거와 완전한 선동의 자유뿐만 아니라 차르 정부의 즉각적 타도와 임시 혁명정부에 의한 그 대체를 성취하기 위해 싸우고 있다. 끝으로, 자유주의적 부르주아지는 이른바 '입헌민주당' 지도자들을 통해 자신의 바람을 표명하면서 차르 정부 타도는 요구하지 않고 있다. 또한 그들은 임시 혁명정부라는 슬로건을 내세우고 있지 않으며, 선거가 절대적으로 자유롭고 공정하도록 할, 그리고 대표자 의회가 진정으로 인민적이고 진정으로 제헌 기능이 있도록 할 실질적 보장들을 주장하고 있지도 않다. 『해방』 경향의 진정한 단 한 가지 사회적 버팀목인 자유주의적 부르주아지는 사실상 차르와 혁명적 인민 사이에 가능한 한 평화로운 타협, 그것도 부르주아지 자신에게 최대의 권력이 돌아가고 혁명적 인민 — 곧 프롤레타리아트와 농민 — 에게는 최소의 권력이 돌아가도록 할 타협을 위해 노력하고 있다.

현재의 정치상황은 바로 이러하다. 이러한 것들이 현 시기 러시아의 3대 사회세력에 상응하는 세 가지 주요 정치적 경향이다. 우리는 『해방』파가 자신들의 미적지근한 정책, 더 적나라하게 말하자면 혁명에 대한 자신들의 변절적·배신적 정책을 감추기 위해 어떻게 사이비 민주주의적 언사를 늘어놓고 있는가를 『프롤레타리』(제3, 4, 5호)*에서 이미 몇 차례나 보여준 바 있다. 이제 사회민주주의자들이 현 시점의 과제를 어떻게 평가하고 있는가를 살펴보자. 이를 위한 훌륭한 자료로서 러시아 사회민주노동당 제3차 대회와 이 당에서 떨어져 나간 분파의 '협의회'에서 아주 최근에 채택한 두 결의안이 마련되어 있다. 이들 결의안 가운데 어느 쪽이 정치상황을 더 올바로 규정하고 있는가는 엄청나게 중요한 문제이며 선전가, 선동가, 조직가로서 자신의 임무를 현명하게 수행하기 위해 노심초사하는 사회민주주의자라면 누구나 긴요하지 않은 사항들은 모두 제쳐두고 이 문제를 철두철미하게 연구해야 한다.

• *Collected Works* Vol. 8, pp. 486~494, 511~525를 볼 것. [영문판 주]

우리가 말하는 당의 전술이란 당의 정치행위, 바꿔 말하자면 그 정치활동의 성격, 방향, 방법 따위를 뜻한다. 당 대회에서는 새로운 과제를 고려하여 또는 새로운 정치상황에 비추어, 당의 정치적 행위 전반을 정확하게 규정하기 위해 전술에 관련된 결의안을 채택하고 있다. 그런 새로운 상황은 러시아에서 시작된 혁명, 다시 말해 압도적 다수의 인민과 차르 정부의 완벽하고 결정적이며 공공연한 결별로 창출되었다. 새로운 문제는 진정으로 인민적이며 진정으로 제헌 기능을 수행할 의회를 소집하기 위한 실질적 방법들과 관련된다.(다른 모든 당에 앞서 오래전 사회민주주의는 그런 의회에 관한 이론적 문제를 당의 강령 속에서 공식적으로 해결한 바 있다.) 인민이 정부와 결별했으며 대중이 새로운 질서를 수립할 필요성을 깨닫고 있기 때문에 정부를 타도하겠다는 목표를 세운 당으로서는 무너뜨린 낡은 정부를 어떠한 정부로 대체할 것인가 하는 문제를 반드시 고려해야 한다. 여기에서 임시 혁명정부와 관련된 **새로운** 문제가 생겨난다. 이 문제를 완벽하게 풀기 위해 계급의식이 있는 프롤레타리아트 당이 밝혀야 할 것은 다음과 같다. 첫째, 현재 진행 중인 혁명과 프롤레타리아트의 전체 투쟁 일반에서 임시 혁명정부가 가지는 **의의**. 둘째, 임시 혁명정부에 대한 당의 **태도**. 셋째, 사회민주주의가 이 정부에 **참여**하기 위한 엄밀한 조건들. 넷째, 이를테면 사회민주주의자들이 이 정부에 전혀 참여하지 않을 경우, **아래로부터** 이 정부에 압력을 가할 수 있는 조건들. 이 영역에서 이루어지는 당의 정치행위는 이 모든 문제를 밝혔을 때 비로소 그 원칙이 서고 명료해지며 굳건해질 것이다. 이제 러시

31

아 사회민주노동당 제3차 대회의 결의안에서 이 문제들을 어떻게 풀고 있는가를 살펴보자. 다음은 그 결의안의 전문全文이다.

임시 혁명정부에 관한 결의안

1 프롤레타리아트의 당면한 이해관계와 사회주의라는 궁극적 목표를 위한 투쟁의 이해관계 어느 쪽이든 가장 완벽한 정치적 자유가 필요하며, 따라서 전제적 정부 형태를 민주주의 공화국으로 대체하는 일이 필요하다.

2 러시아에서 민주주의 공화국을 수립하는 일은 임시 혁명정부를 그 기관으로 삼게 될 인민봉기의 승리 결과로서만 가능하며, 그런 정부만이 선거운동 기간 중에 완전한 선동의 자유를 보장할 수 있을 것이고, 인민의 의지를 있는 그대로 나타낼 제헌의회, 다시 말해 보통 및 평등 선거권, 직접선거와 비밀투표의 바탕 위에서 선출된 의회를 소집할 수 있을 것이다.

3 현재의 사회적·경제적 질서에서 러시아의 이 민주주의 혁명은 부르주아지의 지배를 약화하는 것이 아니라 오히려 강화할 터인데, 이들은 때가 되면 필연적으로 러시아 프롤레타리아트로부터 혁명기의 성과물을 가능한 한 많이 빼앗기 위해 어떤 짓도 서슴지 않을 것이다.

그러므로 러시아 사회민주노동당 제3차 대회에서는 다음과 같이 결의한다.

32

가) 가장 가능성이 높은 혁명 경로에 관한, 그리고 혁명이 일정한 시점에 이르면 임시 혁명정부가 출현할 것이라는 필연성에 관한 구체적인 지식을 노동계급 사이에 유포하는 일이 필요하며, 프롤레타리아트는 이 정부에게 우리 강령의 모든 당면한 정치적·경제적 요청들(최소강령)의 실현을 요구하게 될 것이다.

나) 세력관계 및 미리 정확하게 규정할 수 없는 다른 요인들에 근거하여 우리 당의 대표자들은 모든 반혁명의 시도에 맞서 가차없는 투쟁을 벌이고 노동계급의 독립적 이해관계를 수호하기 위해 임시 혁명정부에 참여할 수도 있다.

다) 그런 참여에 필수불가결한 조건은 당에서 그 대표자들을 엄격하게 통제하는 것, 그리고 완전한 사회주의 혁명을 위해 싸우고 있으며 따라서 모든 부르주아 정당에 비타협적으로 맞서고 있는 사회민주주의의 독립성을 끊임없이 보전하는 것이다.

라) 사회민주주의자들이 임시 혁명정부에 참여하는 일이 가능하든 가능하지 않든 간에, 우리는 사회민주주의의 지도를 받는 무장 프롤레타리아트가 혁명의 성과물을 지키고, 굳히고, 확보하기 위해선 임시정부에 끊임없이 압력을 가해야만 한다는 관념을 프롤레타리아트의 가장 광범위한 층에게 선전해야 한다.

33

2 　우리는 임시 혁명정부에 관한
　　　러시아 사회민주노동당 제3차 대회 결의안에서
　　　무엇을 배울 수 있는가?

러시아 사회민주노동당 제3차 대회 결의안은 그 제목에서 뚜렷이 드러나듯 전적으로 임시 혁명정부 문제만을 다루고 있다. 그러므로 사회민주주의자의 임시 혁명정부 참여에 관한 것은 그 문제의 일부이다. 한편 그 결의안은 임시 혁명정부만 다룰 뿐 다른 것은 전혀 다루고 있지 않으며, 따라서 '권력쟁취' 일반 및 기타 문제는 전혀 찾아볼 수 없다. 이런 종류의 문제를 배제한 당 대회의 처사는 옳았는가? 의심할 바 없이 옳았다. 왜냐하면 러시아의 정치상황에서 그런 문제는 결코 당면한 논쟁거리가 아니기 때문이다. 오히려 전체 인민은 이제 전제정 타도와 제헌의회 소집이라는 문제를 제기하고 있다. 당 대회에서는, 이런저런 필자가 시의적절하든 않든 간에 우연히 언급했던 문제들이 아니라 지배적 조건과 사회발전의 객관적 경로에 비추어 정치적으로 아주 중요한 문제들을 채택해 해결해야 할 것이다.

　현재의 혁명에서 그리고 프롤레타리아트의 전반적 투쟁에서 임시 혁명정부는 어떠한 의의를 갖는가? 당 대회 결의안에서는 프롤레타리아트가 당면한 이해관계의 입장에서나 '사회주의의 궁극적 목표들'의 입장에서나, '가능한 가장 완벽한 정치적 자유'의 필요성을 맨 처음부터 지적함으로써 이 문제를 풀고 있다. 완벽한 정치적 자유를 위해서는 우리 당 강령에서 이미 승인했듯이 차르 전제정을 민주주의 공화국으로 대체해야만 한다. 대회의 결의안에서 민주주의 공화국이라는 슬로건을 강조한 것은 논리상으로나 원칙상으로나 불가피하다. 왜냐하면 민주주의의 가장 앞선 투사로서 프롤레타리아트가 획득하기 위해 싸우고 있는 것이 바로 완벽한 자유이기 때문이다. 게다가 왕정주의자들, 다시 말해 이른바 입헌'민주'당, 또는 『해방』당이 바로 지금 우리나라에서 '민주주의'의 깃발을 날리고 있기 때문에 현 시점에 이 문제를 강조하는 것은 더욱더 바람직하다. 하나의 공화국을 수립하려면 인민의 대표자 의회를 여는 것이 절대로 필요한데, 그것은 전 인민적이고(다시 말해 보통 및 평등 선거권, 직접선거, 비밀투표의 바탕 위에서 선출되고) 제헌 기능을 수행하는 의회여야만 한다. 당 대회의 결의안에서는 바로 그점도 충분히 승인하고 있다. 하지만 결의안은 거기에서 그치지 않는다. '인민의 의지를 진정으로 있는 그대로 표현할' 새로운 질서를 수립하기 위해서는 대표자 의회를 제헌의회라고 이름 짓는 것만으로는 충분하지 않다. 그러한 의회는 '제헌할' 권위와 권력을 가져야만 한다. 이 점을 의식해 당 대회 결의안은 '제헌의회'라는 형식적 슬로건에 머물지 않고 그 의회가 자신의 과제를 제대로 수행하는 데 반드시 필요한 물적 조건들을 덧붙이고 있다. 제헌이라는 이름을 가진 의회가 실제로 제헌의회가 되도록 만들 조건들을 이런 식으로 상술하는 것은 절대로 필요하다. 왜냐하면 우리가 몇 번이고 지적해왔듯이 입헌왕정당의 모습을 보이는 자유주의 부르주아지가 전 인민의 제헌의회라는 슬로

35

2 우리는 임시 혁명정부에 관한 러시아 사회민주노동당
제3차 대회 결의안에서 무엇을 배울 수 있는가?

건을 교묘하게 왜곡해 빈말로 바꿔놓고 있기 때문이다.

　대회의 결의안에서는 오직 임시 혁명정부만이, 그것도 성공적인 인민봉기의 기관이 될 임시 혁명정부만이 선거운동의 완전한 자유를 보장하고 진정으로 인민의 의지를 표현할 의회를 소집할 수 있을 것이라고 언급하고 있다. 이 명제는 옳은가? 이 명제를 논박하려고 머리를 짜내는 사람은 누구나 차르 정부는 반동의 편에 서지 않을 수 있을 것이라고, 차르 정부는 선거를 치르는 동안 중립을 지킬 수 있을 것이라고, 차르 정부는 인민의 의지가 진정으로 표현되도록 조치할 것이라고 주장할 게 틀림없다. 그런 주장은 너무나 터무니없기 때문에 공공연하게는 아무도 감히 옹호하려 들지 않을 것이다. 하지만 우리의 『해방』파 신사들은 자유주의적 깃발 아래 그런 주장을 은밀하게 끌어들이고 있다. 누군가가 제헌의회를 소집해야 한다. 누군가가 선거의 자유 및 공정성을 보장해야 한다. 누군가가 그 의회에 완전한 권력과 권위를 부여해야 한다. 오직 봉기의 기관인 혁명정부만이 그야말로 성실하게 이런 일을 바라고 이를 성취하는 데 필요한 모든 일을 할 수 있을 것이다. 차르 정부는 그 일을 반드시 저지할 것이다. 차르와 타협했으며 전적으로 인민봉기에 의존할 수는 없는 자유주의적 정부는 이런 일을 진심으로 바랄 수 없고, 설사 아주 진심으로 바라더라도 이 일을 성취할 수는 없다. 그러므로 대회의 결의안은 단 하나의 올바른, 그리고 완전히 일관성 있는 민주주의적 슬로건을 내세우고 있는 것이다.

　그러나 임시 혁명정부의 의의에 대한 평가는 민주주의 혁명의 계급적 성격을 보지 못할 경우 불완전하고 그릇될 것이다. 그러므로 결의안은 혁명으로 부르주아지의 지배가 강화될 것이라고 덧붙이고 있다. 이는 현재의, 다시 말해 자본주의적인 사회 및 경제 체제하에서는 필연적이다. 그리고 어느 정도 정치적 자유를 확보한 프롤레타리아트에 대해 부르주아지 지배가 강화되면 그들 사이에 필연적으로 권력을 둘러싼 필사적 투쟁이 벌어지고 '프롤레타리아트로부터 혁명기의 성과물을 빼앗으려는' 부르주아지 쪽의 필사적 시도가 나타날 것이 틀림없다. 그러므로 민주주의를 위한 투쟁의 선봉에 서서 그 투쟁을 이끌어 온 프롤레타리아트는 부르주아 민주주의에 내재한 새로운 대립, 곧 새로운 투쟁을 단 한순간도 잊어서는 안 된다.

그런 까닭에, 우리가 방금 살펴본 결의안 부분에서는 자유 및 공화국을 위한 투쟁과의 관련 속에서, 제헌의회와의 관련 속에서, 그리고 새로운 계급투쟁을 위한 토대를 마련하고 있는 민주주의 혁명과의 관련 속에서 임시 혁명정부의 의의를 완전하게 평가하고 있는 것이다.

그다음 문제는 임시 혁명정부에 대한 프롤레타리아트의 태도 전반에 관한 것이다. 대회의 결의안에서는 무엇보다도 임시 혁명정부가 필요하다는 확신을 노동계급 사이에 유포시키라고 당에 직접적으로 권고함으로써 이 문제에 대답하고 있다. 노동계급은 이러한 필요성을 깨달을 수 있어야 한다. '민주주의적' 부르주아지가 차르 정부의 타도 문제를 뒷전으로 미루고 있기 때문에, 우리는 그 문제를 전면에 내세우고 임시 혁명정부의 필요성을 주장해야 한다. 나아가 우리는 그러한 정부를 위해 현

37

시기의 객관적 조건과 프롤레타리아트 민주주의의 목표에 부합할 행동강령의 윤곽을 잡아야 한다. 이 강령은 우리 당의 최소강령 **전체로서**, 한편으로는 기존 사회·경제 관계의 토대 위에서 완전히 실현할 수 있고, 다른 한편으로는 사회주의 성취라는 그다음 한 걸음을 내딛는 데 필수적인, 당면한 정치·경제 개혁들의 강령이다.

그래서 결의안에서는 임시 혁명정부의 성격과 목적을 명백하게 규정하고 있다. 기원 및 기본적 성격에 있어서 그러한 정부는 인민봉기의 기관이 되어야 한다. 그 형식적 목적은 전 인민의 제헌의회를 소집하기 위한 기구로 기여하는 것이어야 한다. 그 활동 내용은 전제정에 맞서 떨쳐 일어난 인민의 이해관계를 보호할 수 있는 단 하나의 강령인 프롤레타리아트 민주주의의 최소강령을 수행하는 것이어야 한다.

임시정부는 단지 임시적이기 때문에 온 인민의 승인을 아직 받지 못한 건설적 강령을 수행할 수 없다는 주장이 나올 수도 있다. 그러한 주장은 그저 반동분자나 '절대주의자들'의 궤변에 지나지 않을 것이다. 건설적 강령을 수행하려 하지 않는 것은 썩어빠진 전제정이라는 봉건 체제를 용인한다는 뜻이다. 그러한 체제는 혁명의 대의를 저버린 자들의 정부만이 용인할 수 있을 뿐 인민봉기의 기관인 정부라면 그럴 수 없을 것이다. 제헌의회가 집회의 자유를 승인하지 않을 수도 있다는 구실로 제헌의회에서 그러한 자유를 승인할 때까지 우리는 집회의 자유를 행사하지 말아야 한다고 제안하는 이가 있다면 그 누구든 웃음거리가 될 것이다. 임시 혁명정부에서 최소강령을 즉각적으로 수행하는 데 반대한다면 이 또한 웃음거리가 될 것이다.

끝으로 당의 결의안에서는 최초강령 수행을 임시 혁명정부의 과제로 삼음으로써, 최대강령을 즉각적으로 실현한다는 관념들, 다시 말해 사회주의 혁명을 위해 권력을 쟁취한다는 터무니없고 준*무정부주의적인 관념들을 제거했다는 사실을 우리는 언급하고자 한다. 러시아의 경제발전 정도(객관적 조건)와 광범위한 프롤레타리아트 대중의 계급의식 및 조직 정도(객관적 조건과 불가분하게 결합되어 있는 주관적 조건)로 볼 때 즉각적이며 완벽한 노동계급 해방은 불가능하다. 오직 아주 무지한 사람들만이 현재 진행되고 있는 민주주의 혁명의 부르주아적 성격에 눈감을 수 있을 것이며, 오로지 아주 순진무구한 낙관론자들만이 아직까지 노동자 대중이 사회주의의 목표와 그 성취방법에 관하여 아는 게 얼마나 없는지를 망각할 수 있을 것이다. 노동계급의 해방은 노동계급 스스로 획득해야 한다는 것, 대중이 전체 부르주아지에 대한 공공연한 계급투쟁 속에서 계급의식을 가지게 되고, 조직되고, 훈련받고, 교육받지 않을 경우 사회주의 혁명은 전혀 불가능하다는 것을 우리는 철저히 확신한다.

우리가 사회주의 혁명을 미루고 있다는 무정부주의자들의 이의 제기에 우리는 이렇게 답한다. 우리는 그것을 미루고 있는 것이 아니라 오직 하나의 가능한 방식으로, 오직 하나의 올바른 길, 다시 말해 민주주의 공화국이라는 길을 따라 그것을 향한 첫발을 내딛고 있는 것이다. 정치적 민주주의의 길이 아닌 다른 어떤 길을 통해 사회주의에 이르길 바라는 사람은 그 누구든

39

경제적 의미에서나 정치적 의미에서나 필연적으로 터무니없고 반동적인 결론에 이를 것이다. 어떤 노동자들이 적당한 때 우리가 전진하여 최대강령을 수행해서는 안 될 이유가 무엇이냐고 묻는다면 우리는 민주주의를 지향하는 인민 대중이 아직도 사회주의로부터 얼마나 멀리 있는지, 계급대립의 발전이 아직도 얼마나 미숙한지, 프롤레타리아트가 아직도 얼마나 조직되지 않았는지를 지적함으로써 답변을 대신할 것이다. 러시아 전체의 수십만 노동자를 조직하라, 수백만이 우리의 강령에 공감하도록 하라! 여러분은 소리 높은, 그러나 알맹이 없는 무정부주의적 빈말에 매달리지 말고 이 일을 하기 위해 애쓰라, 그러면 여러분은 이런 조직을 이룩하고 이런 사회주의적 계몽을 보급하는 일이 가능한 한 가장 완벽한 민주주의적 변혁의 성취에 달려 있다는 것을 당장 알게 될 것이다.

계속 나아가보자. 일단 임시 혁명정부의 의의와 그에 대한 프롤레타리아트의 태도가 명백해지면 다음과 같은 문제가 생겨난다. 우리는 과연 그러한 정부에 참여를(위로부터의 행동을) 해도 되는가, 만약 그렇다면 어떤 조건들하에서인가? 아래로부터의 우리 행동은 어떠한 것이어야 하는가? 결의안에서는 이 두 가지 물음 모두에 명료한 해답을 내놓고 있다. 사회민주주의자들이 (민주주의 혁명기, 곧 공화국을 위한 투쟁기 동안에) 임시 혁명정부에 참여하는 것이 원칙상 **허용**될 수 있다고 단호하게 선언한 것이다. 이 선언으로써 우리는 이 문제를 원칙적으로 부정하는 무정부주의자들뿐 아니라 우리가 그러한 정부에 참여할 필요가 있다는 것이 드러날 만한 상황이 펼쳐지리라는 전망을 가지고 우리에게 **겁을 주려고 시도해온** 사회민주주의 내의 뒤처진 사람들(예컨대 마르티노프와 새『이스크라』지지자들)과의 관계를 단호하게 끊어낸다. 이 선언으로 러시아 사회민주노동당 제3차 대회는 우리 당원들이 임시 혁명정부에 참여하는 것은 부르주아적 질서 따위를 정당화하는 밀랑주의의 변형일 것이므로 그런 참여는 용납할 수 없다고 하는 새『이스크라』적 생각을 결정적으로 거부했다.

하지만 원칙상의 허용 여부로 실천적 방편의 문제가 풀리는 것이 아니라는 것은 당연하다. 이 새로운 투쟁 형태, 곧 당 대회에서 인정한 '위로부터의' 투쟁은 어떤 조건에서 유용할까? 현재로서는 세력관계 따위의 구체적 조건에 관해 이야기하는 것이 불가능하다는 것은 말할 필요도 없으며, 결의안에서는 이런 조건을 미리 규정하는 일을 당연히 삼가고 있다. 현명한 사람이라면 그 누구도 지금 이 주제에 관해 어떤 것도 예측하려들지 않을 것이다. 우리가 할 수 있고 또 해야 할 것은 우리의 참여가 가지는 성격과 목표를 규정하는 일이다. 바로 그것이 결의안에서 이루어지고 있는데, 첫째, 반혁명적 시도에 맞서 가차없는 투쟁을 벌이고, 둘째, 노동계급의 독립적 이해관계를 수호한다는 것이다. 자유주의적 부르주아지가 혁명적 민중을 위협하여 전제정에 순종하도록 유도하려는 시도로서 반동 심리에 관하여 그토록 열렬하게 말하기 시작하고 있는 바로 그러한 때에(『해방』제71호에 실린 스트루베 씨의 아주 교훈적인 「공개 서한」을 보라), 프롤레타리아트 당이 반혁명에 대한 진정한 전쟁의 수행이라는 과제에 주의를 기울이는 것은 아주 적절한 일이

41

다. 궁극적으로 무력만이 정치적 자유와 계급투쟁이라는 커다란 문제를 해결할 수 있으므로 우리가 해야 할 일은 바로 이런 무력을 마련하고 조직하며, 방어뿐 아니라 공격을 위해서도 그것을 적극적으로 사용하는 것이다. 파리코뮌 이래 거의 끊임없이 지속되어온 유럽에서의 정치적 반동의 오랜 지배로 말미암아, 우리는 행동이 오직 '아래로부터'만 나올 수 있다는 생각에 지나치게 익숙해졌고 오직 방어적 투쟁만을 보는 데에 지나치게 단련되어왔다.

이제 우리는 의심할 나위 없이 하나의 새로운 시대로 접어들었다. 곧 정치적 격변과 혁명의 시기가 시작된 것이다. 지금 러시아가 겪고 있듯이 이러한 시기에 낡아빠지고 판에 박힌 방식에 매달리는 건 용납되지 않는다. 우리는 위로부터의 행동이라는 생각을 선전하고, 아주 힘찬 공격적 행동을 준비하며, 그런 행동의 조건 및 형식을 연구해야 한다. 대회의 결의안에서는 이런 조건들 가운데 두 가지를 전면에 내세우고 있다. 하나는 사회민주주의자가 임시 혁명정부에 참여하는 문제의 형식적 측면(대표자들에 대한 당의 엄격한 통제)에 관련된 것이고, 다른 하나는 그런 참여(완전한 사회주의 혁명을 가져온다는 목표를 한순간도 잊지 않는 상태에서)의 성격에 관한 것이다.

'위로부터의' 행동, 곧 새롭고 이제까지 거의 유례가 없던 이런 투쟁방식에 관한 당 정책의 모든 측면을 이렇게 설명하고 난 뒤 결의안에서는 우리가 위로부터 행동할 수 없을 만일의 경우에도 대비하고 있다. 우리는 어떤 경우에든 아래로부터 임시 혁명정부에 압력을 넣어야 한다. 아래로부터 이런 압력을 넣

42

을 수 있기 위해 프롤레타리아트는 무장을 해야 하며 — 왜냐하면 혁명적 상황에서 사건은 놀랄 정도로 빠르게 공공연한 내전 단계로 발전하기 때문이다 —, 사회민주당의 지도를 받아야 한다. 무장한 프롤레타리아트를 통한 압력의 목표는 혁명의 성과물을, 다시 말해 프롤레타리아트의 이해관계라는 입장에서 우리의 최소강령 전체에 대한 이행이 될 '혁명의 성과물을 지키고, 굳히며, 확대하는 것'이다.

이로써 우리는 임시 혁명정부에 관한 제3차 대회의 결의안에 대한 간략한 분석을 마친다. 독자들이 보다시피, 결의안에서는 이 새로운 문제의 중요성과 그에 대한 프롤레타리아트 당의 태도, 그리고 그 당이 임시 혁명정부 안에서나 밖에서만 추구해야 할 정책 등을 설명하고 있다.

이제 그에 상응하는 '협의회'의 결의안을 살펴보기로 하자.

43

'차리즘에 대한 혁명의 결정적 승리'란 무슨 뜻인가?

'협의회'의 결의안에서는 '권력의 쟁취와 임시 혁명정부에의 참여'*라는 문제를 다루고 있다. 우리가 이미 지적했듯이 이 문제를 제기한 방식 자체에 혼란이 있다. 우선 문제를 편협한 방식으로 제기하고 있다. 곧 이 결의안에서는 우리가 임시정부에 참여하는 문제만을 다루고 있을 뿐 임시 혁명정부 일반에 관한 당의 과제를 다루고 있지는 않은 것이다. 또한 완전히 다른 두 가지 문제, 곧 **민주주의** 혁명의 단계들 가운데 하나에 우리가 참여하는 문제와 **사회주의** 혁명의 문제를 혼동하고 있다. 실제로 사회민주주의가 '권력을 쟁취한다는 것'은 그 자체가 바로 사회주의 혁명이며, 우리가 직접적이며 통상적인 뜻으로 그런 말을 쓴다면 다른 어떤 것도 의미할 수 없다. 하지만 우리가 이 말이 사회주의 혁명이 아니라 민주주의 혁명을 위한 권력쟁취를 뜻하는 것으로 이해한다면, 도대체 임시 혁명정부에의 참여뿐 아니라 '권력쟁취' **일반**에 관해 말하는 것이 무슨 의미가 있단 말인가? 우리의 '협의회파 사람들'은 자신들이 민주주의 혁명이나 사회주의 혁명 중 무엇에 대해 이야기해야 하는지 제대로 모르고 있었음에 틀림없다. 이 문제에 관한 문헌을 계속 살펴온 사람들은 이런 혼란이 마르티노프 동지의 유명한『두 가지 독재』

로부터 비롯했다는 것을 알고 있다. 새 『이스크라』파는 이 문제가 (이미 1월 9일 이전에도)⁹ 뒤처진 사람이 쓴 그 모델 속에서 제기되었다는 사실을 떠올리고 싶어하지 않는다. 그럼에도 불구하고 그것이 협의회에 이념적 영향을 미쳤다는 것은 의심할 수 없는 사실이다.

하지만 결의안의 제목에 관해서는 이 정도의 언급만으로도 충분하다. 결의안의 내용은 비길 데 없이 더욱 심각하고 심대한 오류들을 드러낸다. 여기에 그 첫 부분을 인용한다.

> 차리즘에 대한 혁명의 결정적 승리란, 성공적인 인민봉기로부터 생겨날 임시정부의 수립으로, 아니면 인민들로부터의 직접적인 혁명적 압력하에서 인민제헌의회를 수립하기로 결정하는 이런저런 종류의 대의기구의 혁명적 주도권으로 특징지을 수 있다.

이렇게 우리는 차리즘에 대한 혁명의 결정적 승리를 성공적인 봉기로, 아니면…… 제헌의회를 수립하기로 한 대의기구의 결정으로 특징지을 수 있다는 이야기를 듣는다! 그게 무슨 뜻일까? 우리는 그것을 어떻게 이해해야 할까? 제헌의회를 수립하기로 한 '결정'으로 결정적 승리를 특징지을 수 있다고?? 그리고 그러한 '승리'를 '성공적인 인민봉기로부터 생겨날' 임시정부의

* 이 결의안의 전문全文은 이 팸플릿의 400, 403, 407, 431, 433쪽에 실린 인용문으로 독자가 재구성할 수 있다.(1907년판에 레닌이 붙인 주) V. I. Lenin, *Selected Works*, pp. 63, 68, 72, 99, 102~103을 볼 것.[영문판 주]

수립과 나란히 놓을 수 있다니!! 제헌의회를 수립하기로 한 '결정'은 오로지 **명목상**으로만 혁명의 승리를 의미하는 반면 **성공적** 인민봉기와 임시정부 수립이 실질적으로 혁명의 승리를 의미한다는 사실을 협의회에서는 언급하지 못하는 것이다.

새 『이스크라』 멘셰비키 협의회는 자유주의자들인 『해방』파에서 끊임없이 저지르고 있는 것과 똑같은 오류에 **빠졌**다. 『해방』파는 권력과 권위가 그대로 차르의 손에 있다는 사실에는 수줍은 듯 눈을 감고 '제헌을 하려면' 그럴 힘이 의회에 있어야 한다는 사실은 잊어버린 채 '제헌'의회에 관해 주절거리고 있다. 협의회는 대표자들—그들이 누구든 간에 관계없이—이 채택한 '결정'으로부터 그 결정의 이행까지는 거리가 멀다는 사실 또한 잊었다. 협의회는 또 권력이 차르의 손에 그대로 있는 한 어떠한 대표자들의 결정이라도 독일 혁명사에서 유명한 1848년 프랑크푸르트 의회[10]의 '결정'들과 같이 모두가 공허하고 가련한 헛소리로 남을 것이라는 사실도 잊어버렸다. 혁명적 프롤레타리아트의 대표자인 마르크스가 『노이에 라이니셰 차이퉁』*Neue Rheinische Zeitung*(이하 『새 라인 신문』)[11]에서 차갑게 비웃으며 프랑크푸르트의 자유주의적 『해방』파를 혹평했던 것은 바로 다음과 같은 이유 때문이었다. 곧 권력을 실제로는 국왕의 손에 남겨둔 채 그리고 국왕의 휘하에 있는 군사력에 맞서 무장투쟁을 조직하는 데에는 실패한 채, 그들은 미사여구를 늘어놓고 온갖 민주주의적 '결정'들을 채택하며, 온갖 자유를 '헌법화했던' 것이다. 또한 프랑크푸르트 『해방』파 자유주의자들이 지껄이는 동안 국왕은 때를 기다리며 자신의 군사력을 강화했으며, 반혁명은 실질적 무력에 의존해 민주주의자들을 그들의 모든 훌륭한 '결정'들과 함께 완전히 몰아냈던 것이다.

협의회는 바로 승리에 필수적 조건이 빠져 있는 것을 결정적 승리와 나란히 놓고 있다. 우리 당의 공화주의적 강령을 인정하는 사회민주주의자들로서 어떻게 그러한 오류를 저지를 수 있었을까? 이 희한한 현상을 이해하려면 우리는 우리 당에서 떨어져 나간 분파에 관해 제3차 대회에서 채택한 결의안•을 살펴보아야 한다. 이 결의안에서는 우리 당에 "'경제주의'와 비슷

• 여기에 이 결의안 전문을 옮긴다.
"대회에서는 당이 경제주의에 대해 투쟁을 벌였던 이래 러시아 사회민주노동당에는 다양한 정도로 그리고 다양한 면에서 경제주의와 비슷한 일정한 흐름들이 잔존해왔는데, 이러한 흐름은 프롤레타리아트 투쟁에서 계급의식적 분자들의 중요성을 하찮게 보고 그 분자들을 자생적 분자들에 종속시키려는 공통된 경향을 보이고 있다는 사실을 확인해준다. 조직 문제에 관해 이들 경향의 대표자들은 이론상으로 '과정으로서의 조직'(organization-as-process)이라는 원리를 내세우는데, 이는 질서정연하게 수행되고 있는 당 작업과 조화를 이루지 못하고 있다. 한편 그들은 실천에 있어서 아주 숱한 경우에 당의 규율로부터 체계적으로 벗어나고 있으며, 다른 한편으로는 러시아 현실의 객관적 조건을 고려하지 않은 채 선거의 원리를 폭넓게 적용한다는 관념을 당내에서 가장 깨치지 못한 일부에게 설교함으로써 현 시점에서 있을 수 있는 당 결속의 유일한 토대를 침식하고 있다. 전술 문제에서 그들은 당이 자유주의 부르주아 정당들과 다른, 완벽하게 독립적인 전술을 추구하는 것에 반대한다고 선언하고, 우리 당에서 인민봉기의 조직가 역할을 떠맡는 일이 가능하고 바람직하다는 것을 부인하며, 그 어떤 조건에서든 우리 당이 민주주의 혁명적 임시정부에 참여하는 것에 반대함으로써 당 작업의 영역을 협소화하려는 노력을 드러내고 있다.
당 대회는 모든 당원에게 어떤 곳에서든 혁명적 사회민주주의 원칙으로부터 벗어난 그러한 파당적 편향에 맞서 적극적인 이념투쟁을 벌이라고 지시한다. 하지만 동시에 당 대회는 그러한 견해를 어느 정도 가지고 있는 사람들도 당대회와 당규를 인정하고 당 규율에 완전히 복종한다는 필수적 조건으로 당조직의 일원이 될 수 있다는 입장을 취하고 있다."[1907년판의 레닌 주]

47

3 '차리즘에 대한 혁명의 결정적 승리'란 무슨 뜻인가?

한" 다양한 경향의 잔재가 있다는 사실을 언급하고 있다. 우리의 '협의회파 사람들'(그들이 마르티노프의 이념적 지도 아래 있다는 것은 우연한 일이 아닌데)은 경제주의자들이 정치투쟁이나 8시간 노동일에 대해 이야기했던 것과 완전히 똑같은 방식으로 혁명에 대해 이야기한다. 경제주의자들은 첫째가 권리투쟁, 둘째가 정치선동, 셋째가 정치투쟁이라든가 첫째가 10시간 노동일, 둘째가 9시간 노동일, 셋째가 8시간 노동일이라는 식의 '단계론'을 곧바로 내놓았다. 이런 '과정으로서의 전술'tactics-as-process의 결과는 모두들 충분히 알고 있다. 이제 우리는 혁명까지도 다음 단계들로 미리 산뜻하게 구분하도록 권유받고 있다. 곧 첫째, 차르가 대의기구를 소집한다. 둘째, 이 기구가 '인민'의 압력을 받아 제헌의회를 만들기로 '결정'한다. 셋째, ……멘셰비키는 이 제3단계에 대해서는 아직 합의를 보지 못했다. 그들은 인민의 혁명적 압력이 차리즘의 반혁명적 압력에 부딪침으로써 그 '결정'은 충족되지 않은 채 그대로 남든지 아니면 문제는 결국 인민봉기의 승리나 패배에 따라 결말이 나리라는 사실을 잊어버렸다. 협의회의 결의안에서는 다음과 같은 경제주의적 논법을 일일이 그대로 되풀이하고 있다. 곧 노동자들의 결정적 승리는 혁명적 방식으로 8시간 노동일을 실현하는 것으로도, 10시간 노동일을 하사받은 뒤 9시간 노동일로 나아가자……고 '결정'하는 것으로도 특징지을 수 있다는 것이다. 그야말로 조금도 다를 바 없는 것이다.

결의안 작성자들은 봉기의 승리와 차르가 소집한 대의기구의 '결정'을 나란히 놓을 뜻은 없었으며, 다만 어떤 경우에든 당의 전술을 마련하길 원했을 뿐이라고 우리에게 반론을 제기할 수 있다. 이에 대해 우리는 이렇게 답변할 것이다. 첫째, 결의안 본문에서는 대의기구의 **결정**이 '차리즘에 대한 혁명의 결정적 승리'라고 오해의 여지가 없게 분명히 기술하고 있다. 어쩌면 그것은 부주의하게 말을 받아쓴 결과일 것이며, 아마도 의사록을 살펴본 뒤 바로잡을 수 있을 것이다. 하지만 바로잡을 때까지 현재의 표현은 오직 한 가지 의미만을 가질 수 있을 뿐이며, 그 의미는 완전히『해방』파적이다.

둘째, 결의안 작성자들이 휘말려든『해방』파의 논법이 새『이스크라』파의 다른 문건들에서는 훨씬 더 두드러지게 나타난다. 예컨대 티플리스 위원회의 기관지인『소치알 데모크라트』Sotsial Demokrat(이하『사회민주주의자』)(그루지야어로 발간되며,『이스크라』제100호에서 칭찬했었다)[12]에 실린「젬스키 소보르Zem-skii sobor•와 우리의 전술」이라는 논설에서는 "젬스키 소보르[덧붙이자면 그 소집에 관해서는 아직 아무것도 명확히 알려진 바가 없다!]를 우리의 활동 중심지로 만들려고 하는 '전술'이 봉기 및 임시 혁명정부의 수립이라는 '전술'보다 **우리에게 더 유리하다**"는 말까지 서슴없이 하고 있다. 이 논설에 관해서는 나중에 다시 언급할 것이다.

셋째, 혁명이 승리할 경우나 패배할 경우, 또 봉기가 성공할 경우나 중대한 요소로 발전하는 데 실패할 경우 당에서 채택해야 할 전술을 미리 논의하는 일에 대해서는 어떠한 이

• '국민의회'를 가리킨다. [영문판 주]

3 '차리즘에 대한 혁명의 결정적 승리'란 무슨 뜻인가?

의도 제기할 수 없을 것이다. 차르 정부가 자유주의적 부르주
아지들과 타협할 목적으로 대표자 의회를 소집하는 데 성공
할 수도 있을 것이다. 그런 경우에 대비하여 제3차 대회 결의
안에서는 '위선적 정책', '사이비 민주주의', '이른바 젬스키 소
보르와 같이 우습기 짝이 없는 인민대표제' 따위에 대해 명확
하게 언급하고 있다.• 그러나 중요한 것은 이런 언급이 임시
혁명정부에 관한 결의안에는 나오지 않는다는 사실인데, 왜

• 다음은 이 결의안의 본문으로서 혁명 전야의 정부의 전술에 대한 태도와 관
련된 것이다.

"현 혁명기에 정부는 자기 보전을 위해 주로 프롤레타리아트의 계급의식적
분자들을 겨냥한 통상적 탄압조치를 강화하면서, 이와 동시에 1) 양보와 개
혁의 약속을 통해 노동계급을 정치적으로 타락시키고 그럼으로써 그들을 혁
명투쟁으로부터 이탈시키려고 하고 있다. 2) 똑같은 목적을 가지고, 노동자들
에게 위원회나 협의회에 나갈 자신들의 대표자를 선거하도록 권유하는 것으
로부터 이른바 젬스키 소보르와 같이 우습기 짝이 없는 인민대표제의 설치에
이르기까지 사이비 민주주의 형식으로 자신의 위선적 양보정책을 분식粉飾하
고 있다. 3) 이른바 '검은100명대'를 조직하며, 인민 일반 가운데 반동적이거나
무지하거나 인종적 또는 종교적 증오에 눈이 먼 모든 분자가 혁명에 맞서도
록 선동하고 있다. 그러므로 러시아 사회민주노동당 제3차 대회는 모든 당 조
직에 다음의 일을 요구하기로 결의한다.

가) 정부에서 허용한 양보의 반동적 목표를 폭로하면서 다음의 사실, 곧 한편
으로 이런 양보가 강제로 이루어진 것이고, 다른 한편으로 전제정으로서
는 프롤레타리아트가 만족할 만한 개혁을 절대로 허용할 수 없을 것이라
는 사실을 당 조직의 선전과 선동을 통해 강조한다.

나) 선거운동을 이용해 정부의 이런 조치가 지닌 진정한 의의를 노동자들에
게 설명하고 프롤레타리아트가 혁명적 수단으로 보통 및 평등선거권, 직
접선거, 비밀투표 따위를 바탕으로 한 제헌의회를 소집하는 게 필요하다
는 것을 보여준다.

다) 8시간 노동일 및 노동계급의 다른 시급한 요구들을 혁명적 방식으로 즉각
실현하기 위해 프롤레타리아트를 조직한다.

라) 검은100명대 그리고 전반적으로 정부에서 주도하고 있는 모든 반동적 분
자들의 활동에 대한 무장 저항을 조직한다."[1907년판의 레닌 주]

50

냐하면 그것이 임시 혁명정부와는 아무런 관계도 없었기 때문이다. 그런 문제를 언급할 경우에는 봉기 및 임시 혁명정부의 수립 문제가 뒷전으로 처지고 왜곡되는 등의 위험이 따른다. 오늘날 문제가 되는 점은 갖가지 종류의 결합이 가능하다는 것, 승리와 패배가 모두 가능하다는 것, 또는 직접적인 길이나 우회적인 길이 있을 수 있다는 것 따위가 아니다. 문제는 어떤 것이 진정으로 혁명적인 길인가에 관하여 사회민주주의가 노동자들의 머리에 혼란을 일으키는 일은 용납될 수 없다는 점, 『해방』파가 일삼고 있는 것처럼 승리를 위한 주요 조건이 빠져 있는 그 무엇을 결정적 승리라고 말하는 것은 용납될 수 없다는 점이다. 우리는 8시간 노동일조차 단번에가 아니라 기나긴 우회적 길을 통해 겨우 얻을 수도 있을 것이다. 하지만 프롤레타리아트가 지체, 지연, 입씨름, 변절, 반동 따위를 저지할 수 없도록 만드는 그러한 무력감과 그러한 나약함을 노동자들의 승리라고 부르는 사람에 대해 여러분은 무엇이라고 말하겠는가? 언젠가 한번 『브페레트』Vpered(이하 『전진』) •• 에서 언급한 대로, 러시아 혁명은 '낙태된 헌법'으로 끝날 수도 있다. 하지만 그렇다고 해서, 결정적 투쟁의 전야에 이 낙태를 '차리즘에 대한 결정적 승리'라고 부르고자 하는 사회민주주의

••   제네바에서 발행되던 신문인 『전진』은 당의 볼셰비키 분파의 기관지로서 1905년 1월부터 발행되었으며, 1월부터 5월까지 모두 18호가 발행되었다. 러시아 사회민주노동당 제3차 대회의 결정에 힘입어 5월부터는 당 중앙 기관지로서 『프롤레타리』가 『전진』을 대신하게 되었다.(이 대회는 그해 5월 런던에서 열렸는데, 멘셰비키는 이 대회에 나타나지 않고 제네바에서 자신들의 '협의회'를 조직했다.) [1907년판의 레닌 주]

51

3 '차리즘에 대한 혁명의 결정적 승리'란 무슨 뜻인가?

자가 정당화될 수 있겠는가? 최악의 경우에 우리는 공화국을 성취하는 데 실패할 수 있을 뿐만 아니라 헌법마저 환상적인, 그야말로 '시포프식의' 헌법[13]이 될 수 있을 것이다. 그렇다고 해서 사회민주주의자라는 사람이 우리의 공화주의적 슬로건을 포기하는 것을 용납할 수 있을까?

물론, 새 『이스크라』파가 아직 그것을 포기하는 데까지 나아가지는 않았다. 하지만 그들이 혁명 정신을 얼마나 저버리고 있는가, 그리고 생명력 없는 공론으로 말미암아 그들이 현재의 투쟁 과제를 얼마나 외면하고 있는가는 그들이 자신들의 결의 안에서 공교롭게도 공화국에 대해 한마디라도 할 생각을 **하지 못했다**는 사실에서 아주 확연히 드러난다. 믿기지 않지만 사실이다. 협의회의 다양한 결의안에서는 사회민주주의의 모든 슬로건을 승인하고, 되풀이하고, 설명하고, 자세히 제시했으며, 심지어 노동자들이 직장 대표와 의원을 선출하는 문제까지 잊지 않고 언급했지만 임시 혁명정부에 관한 결의안에서는 전혀 공화국을 언급하지 않았다. 인민봉기의 '승리' 및 임시정부 수립을 거론하면서 이런 '단계'와 행위가 공화국의 성취와 어떤 관계인가를 지적하지 않았다는 건 프롤레타리아트 운동의 꽁무니에서 꾸물거리며 따라가겠다는 의도로, 프롤레타리아트 투쟁을 지도할 의사가 없이 결의안을 작성했다는 것과 다를 바 없다.

요약하자면, 일단 결의안의 첫 부분에 첫째, 공화국을 위한 투쟁의 입장에서, 그리고 진정으로 인민적이며 진정으로 제헌 기능을 수행하는 의회를 확보한다는 입장에서 임시 혁명정부의 의의를 설명한 대목은 전혀 없었다. 둘째, 진정한 승리에 가

장 중요한 조건 자체가 빠져 있는 상황을 차리즘에 대한 혁명의
결정적 승리와 나란히 놓음으로써 프롤레타리아트의 민주주의
의식에 큰 혼란을 일으켰다.

3 '차리즘에 대한 혁명의 결정적 승리'란 무슨 뜻인가?

결의안의 그다음 부분으로 넘어가보자.

> ……어떤 경우에든 그러한 승리는 혁명기에 있어 새로
> 운 국면을 열어놓을 것이다.
> 정치적으로 해방된 부르주아 사회의 요소들이 자신들
> 의 사회적 이해관계 충족과 직접적 권력획득을 위해
> 벌이는 상호투쟁의 과정에서 왕정 및 사회신분이라는
> 체제 전체를 완전히 폐지하는 것, 바로 이 일이 사회
> 발전의 객관적 조건들로 말미암아 자생적으로 생겨난
> 이 새로운 국면의 과제이다.
> 그러므로 역사적 성격상 부르주아적인 이 혁명의 과
> 제를 수행하는 일을 떠맡게 될 임시정부는 해방 과정
> 에서 한 국민 내의 적대 계급들 사이에 벌어질 상호투
> 쟁을 조절하면서 혁명의 발전을 진전시켜야 할 뿐만
> 아니라 그 발전의 요인들 가운데 자본주의 체제의 토
> 대를 위협하는 것들과도 싸워야 한다.

결의안에서 독립된 한 부분을 이루고 있는 이 부분을 살펴보자.

인용한 논의에 담긴 기본 생각은 대회의 결의안 제3조에서 개진되었던 것과 일치한다. 하지만 두 결의안의 이 상응하는 부분을 대조해보면, 둘 사이에는 다음과 같은 근본적 차이가 대번에 드러난다. 혁명의 사회적·경제적 토대를 간략하게 기술하고 있는 대회 결의안에서는 전적으로 일정한 성과물을 위한 선명한 계급투쟁에 주의를 기울이고 있으며 프롤레타리아트의 투쟁 과제를 전면에 내세운다. 혁명의 사회경제적 토대에 관해 길고 흐리멍덩하고 혼란스럽게 기술하는 협의회 결의안에서는 일정한 성과물을 위한 투쟁에 관해 아주 막연하게 이야기하고 있으며 프롤레타리아트의 투쟁 과제는 완전히 뒷전으로 밀어버리고 있다. 협의회의 결의안에서는 다양한 사회 요소들의 상호투쟁 과정에서 구질서를 폐지하는 것에 관해 이야기한다. 대회 결의안에서는 "우리 프롤레타리아 당은 이 폐지를 성취해야 한다", "오직 민주주의 공화국 수립만이 구질서의 진정한 폐지를 의미한다", "우리는 그런 공화국을 성취해야 한다", "우리는 그 일을 위해 그리고 완벽한 자유를 위해 전제정과 싸울 것임은 물론, 부르주아지가 우리의 성과물을 앗아가려고 시도할 경우에는(틀림없이 그럴 것이다) 부르주아지와도 싸울 것이다"라고 말한다. 대회의 결의안은 명백하게 규정된 당면 목표를 위해 투쟁하라고 특정 계급에게 요구한다.

협의회 결의안은 다양한 세력의 상호투쟁에 관하여 이야기하고 있다. 한쪽 결의안은 적극적 투쟁의 심리를 나타내는 반면, 다른 쪽은 생명력 없는 말장난에 몰두하고 있다. 양쪽 결의안 모두 현재의 혁명은 다만 우리의 제1단계일 뿐이며 제2단계

55

가 뒤따를 것이라고 언급한다. 하지만 이로부터 한쪽 결의안은 우리가 가능한 한 더 빨리 이 첫 단계를 밟고, 가능한 한 더 빨리 이 첫 단계를 넘어서며, 공화국을 성취하고, 반혁명을 가차 없이 분쇄하며, 제2단계가 뒤따를 것이라고 언급한다. 그런데 다른 쪽 결의안은, 말하자면 제1단계에 관한 수다스러운 묘사를 질질 흘리고 있으며(실례되는 표현을 용서하시길) 그것을 그저 되씹고 있을 따름이다. 대회의 결의안에서는 해묵은, 그러나 영원히 새로운 마르크스주의의 생각들(민주주의 혁명의 부르주아적 성격)을 단서 또는 첫 번째 전제로 삼아 민주주의 혁명과 사회주의 혁명 모두를 위해 싸우는 진보적 계급의 진보적 과제들에 관한 결론을 이끌어내고 있다. 협의회 결의안에서는 그 단서를 몇 번이고 되씹으면서 그리고 그 단서에 능숙해지려고 애쓰면서도 그것을 넘어서지는 못하고 있다.

이것이 바로 러시아 마르크스주의자들을, 옛 '합법적 마르크스주의' 시절에는 공론적 진영과 투쟁적 진영으로, 그리고 대중운동이 싹트고 있던 시기에는 경제적 진영과 정치적 진영 등 두 진영으로 오랫동안 분열시켜온 차이점이다. 일반적으로는 계급투쟁이, 특수하게는 정치투쟁이 깊은 경제적 뿌리를 가지고 있다는 마르크스주의의 올바른 전제로부터, 경제주의자들은 우리가 정치투쟁에서 등을 돌려 그 발전을 지체시키고, 그 범위를 좁히며, 그 목표들을 축소해야 한다는 기묘한 결론을 이끌어 냈다. 반대로 정치적 진영에서는 이와 똑같은 전제로부터 출발하여 이를테면 우리의 현 투쟁의 뿌리가 깊으면 깊을수록 우리는 더욱 폭넓게, 더욱 과감하게, 더욱 굳세게, 그리고 더욱 창의적으로 이 투쟁을 수행해야만 한다는 다른 결론을 이끌어냈다. 지금 우리는 바로 똑같은 논쟁을 눈앞에 두고 있는데, 다만 상황이 다르고 형식이 다를 뿐이다. 민주주의 혁명은 결코 사회주의 혁명일 수 없다는 전제, 가난하고 어려운 사람들이 민주주의 혁명에 '이해가 걸린' 유일한 사람들은 결코 아니라는 전제, 민주주의 혁명은 부르주아 사회 **전반**의 불가피한 요구와 욕구에 깊이 뿌리박고 있다는 전제, 이런 전제들로부터 우리는, 선진적 계급은 스스로의 민주주의적 목표를 더욱더 과감하게 정식화하고, 그 목표들을 더욱더 뚜렷하고도 완벽하게 나타내고, 공화국이라는 당면 슬로건을 내걸며, 임시 혁명정부를 수립하고 반혁명을 가차없이 분쇄할 필요성에 관한 생각을 널리 알려야만 한다는 결론을 이끌어냈다. 하지만 우리의 적대자인 새『이스크라』파는 이와 똑같은 전제로부터, 민주주의적 결론들을 있는 그대로 드러내서는 안 된다, 실천적 슬로건들 가운데 공화국은 빼도 괜찮다, 제헌의회를 소집하기로 한 단순한 결정을 결정적 승리라고 규정할 수 있다, 반혁명과 싸운다는 과제를 우리의 적극적 목표로 내세울 필요는 조금도 없다 따위를 추론함으로써(이내 보게 되겠지만, 잘못 정식화된) '상호투쟁 과정'에 대해 흐리멍덩하게 언급할 뿐이다. 이는 정치지도자의 말이 아니라 앞뒤가 꽉 막힌 문서고지기나 할 수 있는 말이다.

　새『이스크라』파의 결의안에 나오는 다양한 정식들을 자세히 살펴보면 살펴볼수록, 앞서 말했던 기본 특징은 더욱더 뚜렷해진다. 예컨대 우리는 "정치적으로 해방된 부르주아 사회의 요소들이 벌이는 상호투쟁 과정"이라는 말을 듣는다. 이 결의안에

57

서 다루고 있는 주제(곧, 임시 혁명정부)를 염두에 두고 있는 사람이라면 놀라서 이렇게 물을 것이다. "어떻게 그네들은 상호 투쟁 과정을 말하면서도 부르주아 사회를 정치적으로 **노예화**하고 있는 요소들에 대해선 잠자코 있을 수 있을까? '협의회파 사람들'은 혁명이 승리할 것이라고 가정한 뒤부터는 정말로 이런 요소들이 이미 사라졌다고 생각한다는 말인가?" 그러한 생각은 전반적으로 터무니없는 것이며, 특수하게는 심각한 정치적 순진무구함과 정치적 근시안의 표현일 것이다. 혁명이 반혁명을 물리친 뒤에도 반혁명은 사라지지 않을 것이며, 반대로 새로운 그리고 더욱더 필사적인 투쟁을 필연적으로 시작할 것이다. 우리 결의안의 목적은 혁명이 승리할 경우에 우리가 부딪치게 될 과제들을 분석하는 것이다. 따라서 우리의 임무는(대회 결의안에서 하고 있는 것처럼) 반혁명의 공격을 물리쳐야 한다는 과제에 엄청난 주의를 기울이는 한편, 투쟁적 당이 당면한 절박하며 사활이 걸린 정치적 과제들이, 현 **혁명기** 이후에 어떤 일이 발생할 것인가 또는 '정치적으로 **해방된** 사회'가 이미 존재할 경우 어떤 일이 발생할 것인가 하는 따위의 일반적 논의들 속에 매몰되지 않도록 하는 것이다. 경제주의자들이 정치는 경제에 종속된다는 뻔한 소리를 되풀이함으로써 절박한 정치 과제들을 이해하는 데에서 나타나는 자신들의 무능함을 감추곤 했듯이, 새 『이스크라』파는 정치적으로 **해방된** 사회에서는 여러 가지 투쟁이 벌어질 것이라는 뻔한 소리를 되풀이함으로써 그 사회의 정치적 해방이라는 절박한 혁명적 과제를 이해하는 데에서 나타나는 자신들의 무능을 감추고 있다.

58

"왕정 및 사회신분이라는 체제 전체를 완전히 폐지하는 것"이라는 표현을 살펴보자. 왕정 체제의 완전한 폐지를 쉬운 말로 하자면 '민주주의 공화국의 수립'이다. 그런데 우리의 훌륭한 마르티노프와 그 추종자들은 이 표현이 지나치게 명백하고 단순하다고 생각한다. 그들은 그것을 더 "깊이 있게" 만들고, 더 "현명하게" 표현해야 한다고 주장한다. 그 결과 우리는 한편으로는 슬로건이 아니라 묘사를, 다른 한편으로는 앞으로 나아가라는 힘찬 호소가 아니라 일종의 우울한 회상을 보게 된다. 지금 여기에서 우리는 공화국을 위해 열렬하게 싸우고자 하는 살아 있는 사람들의 인상이 아니라 sub specie aeternitatis,• 대과거의 관점에서 문제를 고려하는 수많은 말라죽은 미라의 인상을 받는다.

계속 따져보자. "…… 임시정부는…… 이…… 부르주아 혁명의 과제를 수행하는 일을 떠맡게 될 것이다……" 여기에서 당장 우리는 우리의 협의회파 사람들이 프롤레타리아트의 정치지도자들에게 닥친 구체적 문제를 간과함으로써 빚어진 결과를 보게 된다. 임시 혁명정부라는 구체적 문제는 부르주아 혁명의 과제 일반을 수행하기 위해 앞으로 나타날 일련의 정부 문제로 말미암아 그들의 시야에서 사라졌다. 여러분이 그 문제를 '역사적으로' 살펴보고자 한다면, 여러분은 유럽 그 어느 나라의 경우에도 부르주아 혁명의 역사적 목표를 완수한 것은 결코 '임시'적이지 않은 일련의 정부였으며, 혁명을 분쇄한 정부조차 자신의 행위에도 불구하고 어쩔 수 없이 그 분쇄된 혁명의 역사적

• '영원함의 관점에서'라는 뜻의 라틴어다. [영문판 주]

목표를 수행해야 했다는 사실을 보게 될 것이다. 하지만 여러분이 말하고 있는 것을 '임시 혁명정부'라고 부르진 않는다. 임시 혁명정부란 혁명기의 정부, 다시 말해 타도한 정부를 곧바로 대체하고 인민이 선출한 어떤 대의기구가 아니라 인민봉기에 의존하는 정부에 붙이는 이름이다. 그것은 혁명의 즉각적 승리를 위한 투쟁기관이요, 반혁명의 기도를 즉각적으로 분쇄하기 위한 투쟁기관이지 부르주아 혁명의 역사적 목표 일반을 수행하기 위한 기관이 아니다. 이런 정부가 될지, 저런 정부가 될지는 모르지만 우리가 부르주아 혁명의 어떤 목표를 성취하게 될 것인지를 정확히 규정하는 문제는 미래의 『루스카야 스타리나』[14]의 미래의 역사가들에게 맡기도록 하자 — 이제부터 30년 뒤에는 그런 일을 하기에 충분한 시간이 있을 것이다. 현재 우리는 공화국을 위한 투쟁에 필요한, 그리고 그 투쟁에 프롤레타리아트가 아주 적극적으로 참여하도록 하기 위한 슬로건을 내걸며 실천적인 지시를 내려야 한다.

언급했던 이유들로 인해, 결의안 가운데 위에서 인용한 부분의 마지막 명제들 또한 만족스럽지 않다. 임시정부가 적대 계급들의 상호투쟁을 '조절'해야 할 것이라는 표현은 아주 적절치 않은 것이며, 그렇지 않다 하더라도 어쨌든 어색하다. 마르크스주의자라면, 계급투쟁의 기관이 아니라 그 '조절자'……로서의 역할을 수행하는 정부가 있을 수 있다고 믿도록 할 그런 자유주의적 『해방』파식의 정식들을 사용해서는 안 될 것이다. 정부는 '혁명의 발전을 진전시켜야 할 뿐만 아니라, 그 발전의 요인 가운데 자본주의 체제의 토대를 위협하는 것들과 싸워야 한다'는 것이다. 그러나 이러한 '요인'이란 결의안의 주인공, 바로 프롤레타리아트이다! 현 시점에서 프롤레타리아트가 어떻게 혁명의 발전을 진전시켜야(입헌주의적 부르주아지가 나아가고자 하는 수준보다 더 멀리 진전시켜야) 하는지를 지시하는 대신에, 부르주아지가 혁명의 성과물에 등을 돌릴 때 그들에 맞선 투쟁을 위해 일정한 대비를 해두라고 충고하는 대신에, 결의안이 우리에게 제공한 것은 과정에 대한 일반적 묘사, 다시 말해 우리 활동의 구체적 목표에 대해서는 일언반구도 없는 묘사뿐이다. 새 『이스크라』파가 자신들의 견해를 표현하는 방식을 보면, 변증법 사상과는 거리가 먼 구식 유물론을 두고 마르크스가 말했던 의견(유명한 「포이어바흐에 관한 테제」에 언급되어 있다)[15]이 생각난다. 마르크스는 이렇게 말했다. 철학자들은 세계를 이모저모로 **해석**만 해왔다. 하지만 문제는 세계를 **바꿔놓아야** 한다는 것이다. 마찬가지로 새 『이스크라』파는 자신들의 눈앞에서 벌어지고 있는 투쟁 과정을 그런 대로 묘사하고 설명할 수는 있지만, 이 투쟁을 위한 올바른 슬로건을 제시할 수는 없다. 그들은 행진의 동반자로서는 훌륭했지만 지도자로서는 형편없었기에, 혁명의 물질적 조건들을 깨달아 스스로 진보적 계급의 선두에 섰던 당들이 역사에서 수행할 수 있고 또 수행해야 할 적극적이고 선도적이며 향도적인 역할을 무시함으로써 역사의 유물론적 이해를 가로막고 있다.

61

결의안의 다음 부분을 인용해보자.

> 그러한 상황에서 사회민주주의는 혁명을 진전시킬 가
> 능성을 가장 잘 보장해주고, 부르주아 정당들의 일관
> 성 없고 이기적인 정책에 맞선 투쟁에서 사회민주주
> 의의 손발을 묶지 않으며, 사회민주주의가 부르주아
> 민주주의에 매몰되지 않도록 해줄 입장을 혁명기간
> 내내 유지할 수 있기 위해 노력해야 한다.
> 그러므로 사회민주주의는 임시정부에서 권력을 장악
> 하거나 공유하는 일을 자신의 목표로 삼아서는 안 될
> 것이며, 오로지 철저한 혁명적 야당으로 남아 있어야
> 한다.

혁명을 진전시킬 가능성을 가장 잘 보장해주는 입장을 취하라
는 충고에 우리는 정말 기쁘기 한량없다. 다만 우리는 현재의
정치상황에서, 다시 말해 인민의 대표들을 소집하는 문제에 관
해 풍문, 추측, 말, 구상 따위가 난무하는 시기에 사회민주주의
가 당장 어떻게 혁명을 한층 더 진전시켜야 하는가에 관한 직접

적 지시가 이 훌륭한 충고와 함께 따라 나왔으면 하고 바랄 뿐이다. 그런데 『해방』파가 부르짖는 인민과 차르 간의 '타협'론이 가지는 위험성을 제대로 이해하지 못하는 사람들이, 다시 말해 제헌의회를 소집한다는 단순한 '결정'을 승리라고 부르거나, 임시 혁명정부의 필요성에 관한 생각을 적극적으로 선전하는 문제를 자신의 과제로 삼지 않거나, 민주주의 공화국의 슬로건을 뒷전으로 내팽개친 사람들이 지금 혁명을 한결 더 진전시킬 수 있을까? 그러한 사람들은 **실천적 정책**에 관한 한 『해방』파 입장과 같은 수준에서 멈춰버렸기 때문에 실제로는 **혁명을 후퇴시키고 있는** 셈이다. 혁명기 당의 당면 과제를 규정하는 전술과 관련된 결의안에서 공화국을 위해 싸운다는 슬로건을 빠뜨린다면, 그들이 전제정을 공화국으로 대체해야 한다는 강령을 승인했다고 해도 무슨 쓸데가 있겠는가? 현재 임시 혁명정부와 공화국 문제에 관해서는 조심스레 잠자코 있으면서 인민제헌의회를 소집한다는 결정을 결정적 승리로 간주하고 있다는 사실로 그들을 지금 실질적으로 특징지을 수 있으며 그것이 바로 『해방』파의 입장이요, 입헌주의적 부르주아지의 입장이다! 혁명을 **진전시키기** 위해서는, 다시 말해 혁명이 왕정주의적 부르주아지가 의도하는 한계를 뛰어넘도록 하기 위해서는, 부르주아 민주주의의 '비일관성'을 배제할 슬로건들을 적극적으로 만들어내고, 강조하며, 전면에 내세우는 일이 필요하다. 현재 그러한 슬로건으로는 첫째, 임시 혁명정부, 둘째, 공화국 등 오직 두 가지가 있을 뿐인데, 그것은 왕정주의적 부르주아지가 인민제헌의회라는 슬로건을 받아들였기 때문이며(『해방』연맹의 강령을 보

63

라), 그것도 혁명의 생명력을 빼앗고, 그 완전한 승리를 가로막으며, 대부르주아지가 차리즘과 값싼 흥정을 할 수 있도록 하겠다는 따위의 목적으로 그 슬로건을 받아들였기 때문이다. 그리고 이제 우리는 혁명을 진전시킬 수 있는 단 두 가지 슬로건 중에서 협의회파가 공화국이라는 슬로건은 완전히 잊어버린 채, 임시 혁명정부라는 슬로건과 『해방』파의 인민제헌의회라는 슬로건을 모두 '혁명의 결정적 승리'라 부르면서 이 두 가지를 동렬에 놓는 모습을 똑똑히 보고 있는 것이다!!

확실히 이는 의심할 나위 없는 사실로서, 장차 러시아 사회민주주의를 연구할 역사가들에게 하나의 이정표가 될 것임에 틀림없다. 1905년 5월에 열린 사회민주주의자들의 협의회에서는 민주주의 혁명을 진전시켜야 할 필요성에 관한 미사여구를 담고 있으나 실제로는 혁명을 후퇴시키면서 왕정주의적 부르주아지의 민주주의적 슬로건들을 결코 뛰어넘지 못하는 결의안을 통과시켰던 것이다.

새 『이스크라』파에서는 프롤레타리아트가 부르주아 민주주의에 매몰될 위험성을 우리가 무시한다고 즐겨 비난한다. 우리는 러시아 사회민주노동당 제3차 대회에서 통과시킨 결의안의 본문을 토대로 하여 이런 비난이 타당하다는 것을 입증할 사람이 나타나기를 바란다. 우리는 우리의 적대자들에게 이렇게 대답한다. 곧 부르주아 사회에서 활동하는 사회민주주의는 어떤 경우에는 부르주아 민주주의와 나란히 나아가지 않고는 정치에 참여할 수 없다고 말이다. 이런 측면에서 나타나는 차이점은 우리가 혁명적·공화주의적 부르주아지에 통합되지 않은 채

64

그들과 나란히 나아가는 반면, 그네들은 **자유주의 왕정주의적 부르주아지**에 역시 통합되지 않은 채 그들과 나란히 나아간다는 점이다. **현 상황은 바로 그러하다.**

협의회의 이름으로 그네들이 정식화한 전술적 슬로건들은 '입헌민주'당, 다시 말해 **왕정주의적 부르주아지당의 슬로건들과 일치**한다. 게다가 그들은 이런 일치를 보거나 깨닫지조차 못함으로써 사실상 『해방』 형제단fraternity의 꽁무니를 뒤쫓고 있는 것이다.

우리가 러시아 사회민주노동당 제3차 대회의 이름으로 정식화한 전술적 슬로건은 민주주의 혁명적·공화주의적 부르주아지의 슬로건과 일치한다. 러시아에서 이런 부르주아지와 프티부르주아지는 아직 대규모 대중정당을 결성하지 못하고 있다.* 하지만 그러한 당의 분자들이 존재한다는 사실을 의심할 수 있는 사람은, 지금 러시아에서 벌어지고 있는 일을 철저히 모르는 자들뿐이다. 우리는 (러시아 대혁명이 진전을 보인다면) 사회민주당에서 조직한 프롤레타리아트뿐만 아니라, 우리와 나란히 나아갈 수 있는 이 프티부르주아지 또한 지도하려고 한다.

협의회는 자신의 결의안을 통해 무의식적으로 자유주의 왕정주의적 부르주아지 수준까지 떨어지고 있다. 당 대회는 자신의 결의안을 통해 브로커로 행동하는 것이 아니라 투쟁을 수

---

* 사회혁명당원들은 그러한 당의 맹아라기보다는 지식인 테러리스트 집단에 지나지 않았다. 물론 이 집단의 활동이 지니는 객관적 의의는 혁명적인 공화주의적 부르주아지의 목표들을 성취한다는 바로 이 과제로 환원할 수 있기는 하다.

65

행할 수 있는 그들, 혁명적 민주주의 분자들을 의식적으로 자신의 수준까지 끌어올리고 있다.

　그러한 분자들은 주로 농민들 중에서 찾을 수 있다. 큰 사회집단들을 정치적 경향에 따라 분류할 경우 우리는 심각한 오류에 빠질 위험 없이 혁명적·공화주의적 민주주의를 농민 대중과 동일시할 수 있다. 물론 우리가 노동계급을 사회민주주의와 동일시할 수 있다는 것과 같은 의미에서 농민에게도 똑같은 단서와 그에 함축된 조건을 전제로 하는 경우에 그렇다. 달리 말해 우리는 우리의 결론을 다음과 같은 말로도 정식화할 수 있을 것이다. 곧 혁명기에 협의회는 자신의 **전국적인°** 정치적 슬로건들을 통해 무의식중에 지주 대중의 수준까지 떨어지고 있다. 당 대회는 자신의 전국적인 정치적 슬로건들을 통해서 **농민 대중을 혁명의 수준까지 끌어올리고** 있다. 이런 결론을 보고 우리가 역설에 빠진다고 비판하려 드는 사람이 있다면 그 누구에게든 우리는 다음과 같은 도전장을 던진다. 곧 우리가 혁명을 성공리에 끝낼 정도로 충분히 강하지 않다면, 혁명이『해방』파적 의미의 '결정적 승리'로, 다시 말해 경멸적 의미로만 제헌의회라고 부를 수 있을 차르가 소집하는 대표자 의회의 형식으로 **끝난다면**─그럴 경우 그것은 지주 및 대부르주아 요소가 우위를 차지하게 될 혁명일 것이라는 명제를 반박해보라는 것이다. 반대로 우리가 진정으로 위대한 혁명을 끝까지 겪도록 운명 지워져 있다면, 역사가 이번에는 '낙태'를 허용하지 않는다면, 우리가 혁

° 여기에서 우리가 언급하고 있는 건 별도의 결의안에서 다루었던 특별한 농민 슬로건이 아니다.

명을 성공리에 끝내『해방』파나 새『이스크라』파적 의미에서가
아닌 결정적 승리를 이끌어낼 수 있을 정도로 충분히 강하다면,
그 경우 그것은 농민 및 프롤레타리아적 요소가 우위를 차지하
는 혁명일 것이다.

　　혹자는 그런 우위가 가능하다는 것을 인정했다고 해서 현
재의 혁명이 성격상 부르주아적일 것이라는 견해를 우리가 부
인하고 있다고 해석할지도 모른다. 이는 이 개념을『이스크라』
에서 어떻게 이용해먹고 있는가를 고려해보면 매우 있음직한
일이다. 그러므로 이 문제를 곰곰 생각해보는 것도 전혀 쓸모없
는 일은 아닐 것이다.

6   일관성 없는 부르주아지에 대한 투쟁에서 프롤레타리아트가 손발이 묶일 위험성은 어디로부터 오는가?

마르크스주의자들은 러시아 혁명의 부르주아적 성격을 절대적으로 확신한다. 이 말은 무슨 뜻일까? 그것은 러시아에서 불가피해진 민주주의적 정치체제 개혁과 사회·경제 개혁이 그 자체로 자본주의의 토대 침식, 부르주아 지배의 토대 침식을 의미하지는 않는다는 뜻이다. 오히려 그 개혁들은, 폭넓고도 급속한 그리고 유럽적이며 비아시아적인 자본주의 발전의 토대를 처음으로 확실하게 닦아놓을 것이며, 부르주아지가 하나의 계급으로서 지배하는 일을 처음으로 가능하도록 만들 것이다. 사회혁명당원들은 상품 및 자본주의적 생산의 발전 법칙의 '법' 자도 모르기 때문에 이런 생각을 이해할 수 없을 것이다. 농민봉기가 완벽하게 승리할지라도, 모든 토지를 농민들에게 유리하도록 그리고 그들의 바람에 따라('전면적 재분배')[16]나 그와 비슷한 방식으로) 재분배하더라도, 자본주의는 조금도 파괴되지 않을 것이며 오히려 그 발전이 촉진되고 농민 자체의 계급 분화가 더 빨라질 것이라는 사실을 사회혁명당원들은 모르고 있는 것이다. 그들은 이러한 진리를 이해하지 못하기 때문에 프티부르주아지의 의식 없는 이념가가 된다. 사회민주주의에서 이 진리를 강조하는 것은 이론적 입장뿐 아니라 현실 정치의 입장에서도 엄청나게 중요하다. 그것은 현재의 '민주주의' 운동 '전반'에서 프롤레타리아트 당의 완전한 계급 독립성이 필수적 조건이라는 결론이 바로 그로부터 나오기 때문이다.

그러나 그렇다고 해서 (사회적·경제적 본질상 부르주아적인) 민주주의 혁명이 프롤레타리아트에게 크게 이익이 되지 않는다는 결론이 나오는 건 결코 아니다. 즉 민주주의 혁명이 주로 대자본가, 금융귀족, '개명한' 지주뿐만 아니라 농민과 노동자에게도 동시에 유리한 형태로는 일어날 수 없다는 결론은 아닌 것이다.

새 『이스크라』파는 하나의 범주로서 부르주아 혁명이 갖는 의미와 의의를 완전히 오해하고 있다. 그들의 논의를 가로질러 끊임없이 흐르고 있는 생각은, 부르주아 혁명은 오직 부르주아지에게만 유리할 수 있는 혁명이라는 것이다. 그런 생각보다 더한 오류는 없다. 부르주아 혁명이란 부르주아적, 다시 말해 자본주의적 사회경제 체제의 틀을 벗어나지 않는 혁명이다. 부르주아 혁명은 자본주의적 발전의 필요성을 표현하며, 자본주의의 토대를 파괴하기는커녕 그와 반대되는 결과를 가져온다 ― 곧 그 토대를 확대하고 심화하는 것이다. 그러므로 이 혁명은 노동계급의 이해관계뿐만 아니라 전체 부르주아지의 이해관계 또한 표현한다. 자본주의에서는 부르주아지가 노동계급을 지배하는 것이 필연적이므로 부르주아 혁명이 프롤레타리아트보다 오히려 부르주아지의 이익을 표현한다고 당연히 말할 수 있을 것이다. 하지만 부르주아 혁명이 프롤레타리아트의 이익을 조금도 표현하지 않는다고 생각하는 것은 아주 터무니

69

없다. 이런 터무니없는 관념은, 부르주아 혁명은 프롤레타리아트의 이익과 정면으로 충돌하므로 우리에게 부르주아적인 정치적 자유는 필요하지 않다는 고색창연한 나로드니키적 이론으로 귀결되거나, 프롤레타리아트가 부르주아 정치에, 부르주아 혁명에, 그리고 부르주아 의회제도에 참여하는 것을 무조건 부정하는 무정부주의로 귀결된다. 이론적 관점에서 볼 때 이런 관념은 자본주의가 상품생산의 토대 위에서 필연적으로 발전할 것이라는 마르크스주의의 기본 명제를 무시하는 것이다. 마르크스주의는 상품생산에 토대를 두고 자본주의 문명국과 교역관계를 맺는 사회는 일정한 발전단계에 이르면 반드시 자본주의의 길을 걸을 수밖에 없다는 사실을 우리에게 가르치고 있다. 마르크스주의는 예컨대 러시아가 자본주의적 발전을 건너뛸 수 있다는 나로드니키적 또는 무정부주의적 횡설수설과 완전히 갈라섰다.

마르크스주의의 이 모든 원칙은 일반적으로, 그리고 특히 러시아를 고려할 때 아주 상세히 입증되고 설명되었다. 그리고 이런 원칙들로부터, 자본주의의 더 큰 발전을 제외한 다른 어떤 것에서 노동계급의 구원을 찾는다는 관념은 반동적이라는 결론이 나온다. 러시아 같은 나라에서 노동계급은 자본주의보다는 오히려 자본주의의 불충분한 발전 때문에 더 큰 고통을 겪고 있다. 즉 노동계급은 아주 폭넓고 자유롭고 급속한 자본주의 발전과 **가장 확실하게 이해관계를 맺고 있다.** 폭넓고 자유롭고 급속한 자본주의 발전을 가로막고 있는 구질서의 모든 잔재를 청산하는 일은 노동계급에게 절대적으로 유리하다. 부르주아 혁명은 지난날의 잔재, 곧 농노보유제의 잔재(여기에는 전제정뿐만 아니라 왕정도 포함된다)를 아주 결정적으로 쓸어버리며, 아주 폭넓고 자유롭고 급속한 자본주의의 발전을 아주 완벽하게 보장하는 대격변임에 틀림없다.

바로 그러한 이유로 **부르주아 혁명**은 **프롤레타리아트에게 고도로 유리하다.** 부르주아 혁명은 프롤레타리아트의 이익을 위해 절대로 필요하다. 부르주아 혁명이 더 완벽하고 단호하고 일관성이 있을수록 부르주아지에 맞서 사회주의를 향하는 프롤레타리아트의 투쟁은 그만큼 더 확실해질 것이다. 과학적 사회주의의 '과' 자도 모르는 사람들만이 이런 결론이 낯설고 이상하고 모순된다고 여길 것이다. 또 이 결론으로부터 다른 무엇보다도 이런 명제, 곧 **어떤 의미에서 보면** 부르주아 혁명이 부르주아지보다 프롤레타리아트에게 **더 유리하다**는 명제가 나온다. 이 명제는 다음과 같은 의미에서 보면 의심할 바 없이 옳다. 곧 프롤레타리아트에 대항할 때 부르주아지로서는 특정한 과거의 잔재들, 이를테면 왕정이나 상비군 따위에 의존하는 것이 유리하다. 부르주아 혁명이 과거의 모든 잔재를 너무 단호하게 쓸어버릴 게 아니라 그것들 가운데 일부를 온존시키는 것이, 다시 말해 이 혁명이 완전히 일관성 있고 완벽하고 단호하고 냉혹하지 않은 것이 부르주아지에게 유리하다는 것이다. 흔히 사회민주주의자들은 이런 생각을 조금 달리 표현하여, 부르주아지는 스스로의 자아를 배신한다, 부르주아지는 자유라는 대의를 저버린다, 부르주아지는 일관성 있게 민주주의적일 수 없다고 말한다. 부르주아 민주주의 방향으로의 필연적 변화가 혁명이 아

71

닌 개혁에 의해 보다 천천히, 보다 점진적으로, 보다 조심스럽게, 덜 단호하게 일어나는 것이, 그리고 이런 변화가 농노보유제의 '유서 깊은' 제도(왕정 따위)를 가능한 한 온존시키는 것이, 또 이런 변화가 평민, 다시 말해 농민과 특히 노동자의 독립적인 혁명 활동, 주도권 및 역량을 가능한 한 적게 발전시키는 것이 부르주아지에게는 더 큰 이득이 된다. 왜냐하면 그렇지 않을 경우 프랑스인들이 말하듯 '소총을 한쪽 어깨에서 다른 쪽 어깨로 옮겨메는 것', 다시 말해 부르주아 혁명이 공급해줄 무기를, 그 혁명이 가져다줄 자유를, 그리고 농노보유제를 척결한 토대 위에 생겨날 민주주의 제도들을 노동자들이 부르주아지와 맞서 싸우는 데 보다 더 쉽게 사용할 수 있을 것이기 때문이다.

반대로 노동계급에게는 부르주아 민주주의 방향으로의 필연적 변화가 개혁의 길이 아닌 혁명의 길을 통해 발생하는 것이 더 유리한데, 그것은 개혁의 길이 지연과 지체의 길이요, 국가 유기체의 썩은 부분이 고통스러울 정도로 느리게 분해되는 길이기 때문이다. 그런 부패로부터 우선적으로 그리고 가장 크게 고통받는 것은 바로 프롤레타리아트와 농민이다. 혁명의 길은 프롤레타리아트의 고통이 가장 적은 급속한 단절의 길, 다시 말해 왕정, 그리고 그 왕정과 함께 가는 혐오스럽고 사악하고 썩어빠지고 유독한 제도에 빌붙거나 그 제도의 눈치를 볼 일이 가장 적은 길이다.

따라서 우리의 부르주아 자유주의적 언론이 혁명적 길의 가능성을 개탄하고, 혁명을 두려워하고, 혁명의 망령으로 차르를 위협하고, 혁명을 회피하려고 애쓰며, 개혁주의적 길의 토대로서의 하찮은 개혁을 위해 설설 기고 알랑거리는 것이 반드시 검열 때문에, 반드시 '유태인에 대한 공포 때문'만은 아니다.『루스키예 베도모스치』,『신 오테체스트바』,『나샤 지즌』,『나시 드니』[17]뿐만 아니라 검열을 받지 않는 비합법 간행물인『해방』에서도 이런 모습이 나타난다. 자본주의 사회에서 부르주아지가 한 계급으로서 차지하는 지위 자체 때문에 부르주아지는 민주주의 혁명에서 반드시 일관성이 없게 된다. 프롤레타리아트가 한 계급으로서 차지하는 지위 자체 때문에 프롤레타리아트는 일관성 있는 민주주의자가 된다. 부르주아지는 프롤레타리아트를 강화할 우려가 있는 민주주의적 진보를 두려워하여 뒷걸음질한다. 프롤레타리아트는 자신의 쇠사슬을 빼고는 잃을 게 없으며 민주주의에 힘입어 오히려 온 세상을 얻을 수 있다. 그것이 바로 부르주아 혁명이 스스로의 민주주의적 변혁을 더 일관성 있게 성취하면 할수록, 오직 부르주아지에게 유리한 일만 할 수는 없게 되는 까닭이다. 부르주아 혁명에 일관성이 있으면 있을수록, 그 혁명은 민주주의 혁명으로부터 생겨나는 이익을 그만큼 더 프롤레타리아트와 농민에게 보장하게 되는 것이다.

마르크스주의는 프롤레타리아트에게 부르주아 혁명에 초연해서는 안 된다, 그것에 무관심해서는 안 되며, 혁명의 주도권을 부르주아지가 떠맡도록 해서는 안 되고, 반대로 그것에 아주 힘차게 참여해야 한다, 혁명이 끝까지 수행될 수 있도록 일관성 있는 프롤레타리아트 민주주의를 위해 아주 단호하게 싸워야 한다고 가르친다. 우리는 러시아 혁명의 부르주아 민주주의적 한계로부터 벗어날 수 없지만 이 영역을 광범위하게 확대

73

6 일관성 없는 부르주아지에 대한 투쟁에서
프롤레타리아트가 손발이 묶일 위험성은 어디로부터 오는가?

할 수 있으며, 이 영역 내에서 프롤레타리아트의 이익을 위해, 프롤레타리아트의 당면한 요구를 위해, 그리고 프롤레타리아트가 장차 완벽하게 승리하는 데 필요한 무력을 마련할 수 있도록 해줄 조건들을 위해 싸울 수 있고 또 싸워야만 한다. 세상에는 별의별 민주주의가 다 있다. 상원의 지지자로서 보통선거권을 요구하면서도 가위질당한 헌법을 위해 남몰래 은밀하게 차리즘과 타협하는 젬스트보 왕정주의자들 또한 부르주아 민주주의자이다. 지주와 정부 관리들을 향해 무기를 들었고 '순진무구한 공화주의'로 '차르를 쫓아내자'•고 제안하는 농민 역시 부르주아 민주주의자이다. 부르주아 민주주의 정권으로는 독일에 있는 것과 같은 것도 있고 영국에 있는 것과 같은 것도 있으며, 오스트리아에 있는 것과 같은 것도 있고 미국과 스위스에 있는 것과 같은 것도 있다. 민주주의 혁명기에 민주화 정도의 이런 차이와 그 형식의 차이를 보지 못한 채 어쨌든 이것이 '부르주아 혁명'이요, '부르주아 혁명'의 열매라는 요지의 '현명한' 의견을 말하는 데 그치는 사람이 있다면 그자야말로 정말이지 아주 훌륭한 마르크스주의자일 것이다.

우리의 새『이스크라』파는 실제로 자신들의 짧은 생각을 자랑스레 과시하는 바로 그런 현명한 친구들이다. 그들은 일관성 없는 부르주아 민주주의와 일관성 있는 프롤레타리아 민주주의를 구별하는 것은 말할 것도 없고, 공화주의적 혁명적 부르주아 민주주의와 왕정주의적 자유주의 부르주아 민주주의를

•　『해방』제71호, 337쪽의 각주 2를 보라.

반드시 구별할 수 있어야 할 바로 그때, 또 바로 그러한 곳에서, 혁명의 부르주아적 성격을 논하는 데에서 그치고 있다. 현재의 혁명에 있어 **민주주의적 지도력**을 마련하고, 스트루베 씨 일당의 변절적 슬로건과는 다른 **진보적인 민주주의적 슬로건**을 강조하며, 지주와 공장주의 자유주의적 흥정과는 다른 프롤레타리아트와 농민의 진정으로 혁명적인 투쟁의 당면한 목표를 꾸밈없이 똑바로 언급하는 따위의 일이 문제일 때, 그들은 자신들이 마치 정말로 '목도리를 두른 사나이'[18]나 되는 듯 '적대계급들의 상호투쟁 과정'에 관해 우울하게 이야기하는 것으로 만족하고 있다. 신사님네들, 지금 그대들이 놓치고 있는 문제의 핵심은 바로 그러한 것, 다시 말해 우리의 혁명이 진정하고 막대한 승리를 가져올 것인가 아니면 그저 비참한 타협을 가져올 것인가, 그것이 프롤레타리아트와 농민의 혁명적 민주주의 독재로까지 나아갈 것인가 아니면 시포프식의 자유주의적 헌법 속에 '사라질' 것인가 하는 점이다.

언뜻 보면 이 문제를 제기하면서 우리가 주제에서 완전히 벗어나려는 것처럼 보일 수도 있다. 하지만 그것은 언뜻 볼 때에만 그러할 것이다. 사실상 러시아 사회민주노동당 제3차 대회의 사회민주주의적 전술과 새『이스크라』지지자들이 협의회에서 주창한 전술 사이에 이미 명백하게 나타난 원칙상의 차이점 그 뿌리에 바로 이 문제가 놓여 있다. 후자는, 노동자 당에는 비길 데 없이 복잡하고 중요하며 사활이 걸린 문제, 다시 말해 혁명기 당 전술의 문제를 풀면서 경제주의의 오류를 재연함으로써 이미 두 걸음이 아니라 세 걸음을 후퇴했다. 바로 그렇기

75

6 일관성 없는 부르주아지에 대한 투쟁에서
프롤레타리아트가 손발이 묶일 위험성은 어디로부터 오는가?

때문에 우리는 마땅히 기울여야 할 모든 주의를 기울여 우리가 제기했던 문제를 분석해야만 한다.

새『이스크라』파의 결의안 중 위에 인용한 부분에서는 사회민주주의가 부르주아지의 일관성 없는 정책에 맞서 싸우는 가운데 자신의 손발이 묶일 위험, 곧 부르주아 민주주의에 스스로 매몰될 위험을 지적하고 있다. 이러한 위험에 대한 생각은 새『이스크라』특유의 모든 문헌에 가득 차 있으며, 우리 당의 분열과 관련된 원칙의 핵심에 깔린 문제이다.(그런 분열과 관련된 논쟁이 경제주의로 경도된다는 문제로 말미암아 완전히 뒷전으로 물러난 이래로.) 이런 위험이 실제로 존재한다는 것, 러시아 혁명이 절정에 이른 바로 현 시기에 이런 위험이 특히 심각해지고 있다는 것을 우리는 있는 그대로 인정한다. 이론가, 아니면 사회민주주의 정치평론가 — 필자 자신에 관해 말하자면 차라리 이 명칭이 더 어울릴 것 같은데 — 들인 우리 모두가 떠맡아야 할 절박하고도 아주 막중한 임무는 이런 위험이 실제로 **어느 방향**에서 다가오고 있는가를 밝혀내는 일이다. 왜냐하면 우리의 의견 대립은 그런 위험이 존재하는가에 관한 논쟁에서가 아니라, 그런 위험이 '소수파'의 이른바 꽁무니주의에서 비롯되는가, 아니면 '다수파'의 이른바 혁명주의에서 비롯되는가에 관한 논쟁에서 생겨나고 있기 때문이다.

모든 그릇된 해석과 오해를 없애기 위해 우선 우리가 언급하는 이 위험이 문제의 주관적 측면이 아니라 객관적 측면에 있다는 것, 사회민주주의가 이 투쟁에서 취하게 될 형식적 입장이 아니라 현 혁명투쟁 전반의 물적 결과에 있다는 사실에 주목하

자. 문제는 부르주아 민주주의에 매몰되기를 바라는 사회민주주의 집단이 이쪽인가 저쪽인가, 또는 자신들이 매몰되고 있음을 스스로 깨닫고 있는가 아닌가 하는 것이 아니다. 어느 쪽도 그런 인상은 주지 않는다. 우리는 어떤 사회민주주의자도 그러한 바람을 가슴에 품고 있다고 생각하진 않으며, 이는 또 바람의 문제도 전혀 아니다. 또한 그것은 혁명 과정 내내 부르주아 민주주의와는 다른 자기 나름의 주체성, 개별성, 독립성을 형식적으로 가지는 사회민주주의 집단이 이쪽인가 저쪽인가 하는 문제가 아니다. 그들은 단순히 그러한 '독립성'을 선언할 뿐만 아니라 형식적으로도 독립성을 유지할 수 있겠지만, 그럼에도 불구하고 부르주아지의 비일관성에 대한 투쟁에서 자신의 손발이 묶였음이 드러날 수도 있을 것이다. 혁명의 궁극적인 정치적 결과를 볼 경우, 사회민주주의는 형식적 '독립성'에도 불구하고 그리고 독립된 정당으로서 완벽한 조직적 개별성을 지녔음에도 불구하고 사실상 독립적이지 않을 수도 있고, 사건의 추이에 자신의 프롤레타리아트적 독립성을 각인하지 못할 수도 있으며, 전반적으로 그리고 결국에 가서는 부르주아 민주주의에 '매몰'되는 것이 역사적 사실이 될 정도로 그 취약함이 드러날 수도 있을 것이다.

실제적 위험의 내용은 바로 그러한 것이다. 이제 그런 위험성이 어느 방향에서 다가오고 있는가, 다시 말해 우리가 믿는 대로 새『이스크라』파가 대표하는 사회민주주의의 우편향으로부터인가 아니면 새『이스크라』파가 믿는 대로 '다수파', 『전진』 등이 대표하고 있는 사회민주주의의 좌편향으로부터인가 하는

77

문제를 살펴보자.

　우리가 지적했듯이 이 문제의 해답은 다양한 사회세력이 수행하는 활동의 객관적 결합에 의해 결정된다. 이들 세력의 성격은 러시아 생활에 대한 마르크스주의적 분석에 의해 이론적으로 규정되었으며, 지금은 혁명 과정을 거치면서 집단 및 계급의 공개적 행동에 의해 실천적으로 규정되고 있다. 혁명적 사건의 발전 과정에 대한 모든 실천적 관찰뿐 아니라 우리가 겪고 있는 지금 이 시대보다 훨씬 이전에 마르크스주의자들이 행했던 전체적인 이론적 분석의 결과, 객관적 상황의 관점에서 볼 때 이제 러시아 혁명에는 두 가지 경로와 두 가지 결과가 있을 수 있다는 사실이 드러나고 있다. 부르주아 민주주의 노선에 따른 러시아 경제, 정치체제의 변혁은 필연적이며 불가피하다. 이 세상 어떤 힘으로도 그러한 변혁을 가로막을 수는 없다. 다만 그러한 변혁을 초래하고 있는 기존 세력들의 결합된 활동은 두 가지 가운데 하나를, 다시 말해 그 변혁의 두 형태 가운데 하나를 가져올 수 있다. 첫째, 사태는 '차리즘에 대해 혁명이 결정적 승리를 거두는 것으로 끝나거나', 둘째, 결정적 승리를 거두기에는 그 세력이 충분히 강하지 못하여 사태는 아주 '일관성 없고' 아주 '이기적인' 부르주아지 분자들과 차리즘의 타협으로 끝날 것이다. 전체적으로 봐서, 그 누구도 예측할 수 없는 무한하게 다양한 구체적 내용 및 결합에 따라 전자나 후자의 결과가 나타날 것이다.

　이제 이 두 가지 가능성을 첫째, 그 사회적 의미의 관점에서, 둘째 전자나 후자의 결과에서 사회민주주의가 취해야 할 입

장(그 '매몰', 곧 '그 손발이 묶인다는 것')의 관점에서 살펴보기로
하자.

　'차리즘에 대한 혁명의 결정적 승리'란 무슨 뜻인가? 우리
는 새『이스크라』파가 이 표현을 사용하면서 그 당면한 정치적
의의조차 파악하지 못했음을 이미 알았다. 그들은 이 개념의 계
급적 본질에 관해서는 더더욱 이해하지 못하고 있는 듯하다. 물
론 우리 마르크스주의자들은 어떠한 상황에서도 여러 혁명적
민주주의자들(가폰식의)처럼 '혁명'이니 '러시아 혁명'이니 하는
말에 현혹되어서는 안 될 것이다. 우리는 어떤 현실적 사회세력
이 '차리즘'(누구나 완전히 알 수 있는 현실적 세력인)과 적대하고
있으며 그것에 대해 '결정적 승리'를 거둘 수 있는가 하는 문제
에 관해 마음으로부터 철저하게 확신하고 있어야 한다. 대부르
주아지, 지주, 공장 소유주, 『해방』파의 지도에 따르는 '사회' 따
위는 그러한 세력이 될 수 없다. 그들은 결정적 승리를 원하지
도 않는다는 것을 우리는 알고 있다. 그들이 자신의 계급적 입
장 때문에 차리즘에 맞서 결정적 투쟁을 수행할 수 없다는 것,
결정적 투쟁으로 들어가기에는 그들이 사적 소유에, 곧 자본과
토지에 지나치게 얽매여 있다는 것을 우리는 알고 있다. 그들
은 프롤레타리아트와 농민에게 사용할 관료제, 경찰, 군대 따위
의 힘을 가진 차리즘이 너무나도 절실하게 필요하기 때문에 차
리즘의 분쇄를 도저히 바랄 수 없다. 아니다. '차리즘에 대한 혁
명의 결정적 승리'를 성취할 수 있는 유일한 세력은 **인민**, 곧 프
롤레타리아트와 농민뿐이다. 지금 여기에서 우리는 주요한 큰
세력들에 관해 언급하고 있으며 (마찬가지로 '인민'의 한 부분

79

6　일관성 없는 부르주아지에 대한 투쟁에서
프롤레타리아트가 손발이 묶일 위험성은 어디로부터 오는가?

인) 농촌 및 도시의 프티부르주아지를 두 세력 안에 포함시키고 있는 것이다. '차리즘에 대한 혁명의 결정적 승리'는 **프롤레타리아트와 농민의 혁명적 민주주의 독재**의 수립을 뜻한다. 우리의 새 『이스크라』파는 『전진』에서 오래전에 지적했던 이 결론으로부터 벗어날 수 없다. 다른 그 어떤 세력도 차리즘에 대해 결정적 승리를 거둘 수 없는 것이다.

그리고 그러한 승리는 틀림없이 독재가 될 것인데, 달리 말하자면 그것은 '합법적'이거나 '평화적'인 방식으로 확립된 이런저런 종류의 제도가 아니라 필연적으로 군사력에, 대중의 무장에, 봉기에 의존할 것임에 틀림없다. 그 승리는 오로지 독재일 수밖에 없는데, 왜냐하면 프롤레타리아트와 농민에게 절박하게 그리고 절대적으로 필수적인 변화들을 실현하는 데에는 지주, 대부르주아지 및 차리즘의 필사적 저항이 따를 것이기 때문이다. 독재가 없이는 그런 저항을 분쇄하고 반혁명적 시도를 물리치는 것이 불가능하다. 하지만 그것이 사회주의 독재가 아니라 민주주의 독재가 될 것이라는 것은 말할 필요가 없다. 그 독재는 (혁명적 발전의 몇 차례 중간 단계를 거치지 않고서는) 자본주의의 토대에 영향을 미칠 수 없을 것이다. 기껏해야 그 독재는 농민을 위한 토지소유의 근본적 재분배를 가져오고, 공화국 수립을 비롯한 일관성 있는 완전한 민주주의를 확립하고, 농촌 생활뿐만 아니라 공장 생활에서도 아시아적 속박의 모든 압제적 양상을 척결하고, 노동자들의 여건을 완전하게 개선하고 그들의 생활수준을 향상시키기 위한 토대를 구축하며, 끝으로 또 한 가지, 그 못지않게 중요한 것으로서 혁명의 불길이 유럽으로 옮겨붙게 할 수 있을 것이다. 그러한 승리는 아직까지는 무슨 수를 쓰더라도 우리의 부르주아 혁명을 사회주의 혁명으로 전화시킬 수 없을 것이다. 민주주의 혁명은 부르주아적 사회·경제 관계의 한계를 즉각 뛰어넘을 수 없을 것이다. 그럼에도 불구하고 그러한 승리가 러시아와 전 세계의 앞날에 대해 지니는 의미는 엄청나게 클 것이다. 지금 러시아에서 시작된 혁명의 이러한 결정적 승리만큼이나 세계 프롤레타리아트의 혁명적 에너지를 끌어올리고, 완벽한 승리에 이르는 길을 단축시킬 것은 아무것도 없다.

그러한 승리가 얼마나 가능할 것인가는 별개의 문제이다. 우리는 그 점에 관해 터무니없이 낙관적이고 싶은 생각이 털끝만큼도 없다. 우리는 이 과제의 엄청난 어려움을 한순간도 잊지 않고 있지만, 우리가 싸우겠다고 나선 이상 우리는 승리를 원해야만 하고, 또 승리에 이르기 위한 올바른 길을 찾을 수 있어야만 한다. 그러한 승리에 이를 수 있는 방향은 의심할 바 없이 존재한다. 사실 프롤레타리아트 대중에 대한 우리의 영향력 — 곧 사회민주주의의 영향력 — 은 아직까지 너무나, 너무나도 보잘것없다. 프롤레타리아트, 그리고 특히 농민들은 여전히 놀라울 정도로 분열되어 있고 뒤떨어져 있으며 무지하다. 그러나 혁명은 그들을 급속하게 통합시키고 급속하게 눈뜨도록 만든다. 혁명의 발전 한 걸음 한 걸음은 대중을 각성시키며, 그들의 진정한 그리고 사활이 걸린 이해관계를 완전하고도 일관성 있게 표현하는 단 하나의 강령, 곧 혁명적 강령의 편으로, 억누를 수 없는 힘으로 그들을 끌어당기고 있다.

81

6 일관성 없는 부르주아지에 대한 투쟁에서
프롤레타리아트가 손발이 묶일 위험성은 어디로부터 오는가?

역학의 법칙에 따르면 작용과 반작용은 언제나 같다. 역사에서도 혁명의 파괴력은, 자유를 위한 투쟁을 얼마나 강력하고 집요하게 탄압했는가 그리고 시대에 뒤떨어진 '상부구조'와 우리 시대의 살아 있는 세력들 사이의 모순이 얼마나 심대한가 하는 것에 상당한 정도로 의존한다. 국제 정치상황 또한 여러 측면에서 러시아 혁명에 아주 유리한 방식으로 조성되고 있다. 노동자들과 농민들의 봉기는 이미 시작되었다. 그것은 산발적이고 자연발생적이며 미약하기는 하지만 결정적 투쟁을 수행하고 결정적 승리를 향해 나아갈 수 있는 세력이 존재한다는 것을 명명백백히 증명한다.

이런 세력이 무력한 것으로 드러날 경우, 차리즘은 타협을 성사시킬 시간을 벌 수 있을 것이며, 이런 타협은 이미 불리긴 일당과 스트루베 일당을 두 축으로 해서 준비되고 있다. 그럴 경우 전체 사태는 손발이 잘린 헌법을 만드는 정도로 끝날 것이다. 이 또한 '부르주아 혁명'일 테지만 그것은 유산, 조산, 미숙의 혁명일 것이다. 사회민주주의는 그 점을 두고 어떠한 환상도 품지 않을 것이다. 사회민주주의는 부르주아지의 변절적 속성을 알고 있기 때문이다. 사회민주주의는 낙담하지 않을 것이며, 부르주아 입헌주의적인 '시포프'적 행복이라는 아주 단조롭고 지루한 나날 속에서도 프롤레타리아트에게 계급적 훈련을 시키는 집요하고 끈기있고 지속적인 작업을 저버리지 않을 것이다. 그 결과는 19세기 유럽의 거의 모든 민주주의 혁명의 결과와 다소간 비슷할 것이며, 그럴 경우 우리 당은 힘겹고도 긴, 하지만 낯익고 잘 다져진 길을 따라 발전해나갈 것이다.

이제 이런 문제가 일어난다. 곧 일관성 없고 이기적인 부르주아지에 대한 투쟁에서 사회민주주의가 사실상 손발이 묶이고, 부르주아 민주주의에 사실상 또는 거의 '매몰'되는 것은 있을 수 있는 두 가지 결과 중 어느 경우인가?

이 문제에 대해서는 조금도 머뭇거리지 않고 얼마든지 명백하게 대답할 수 있다.

만약 부르주아지가 차리즘과 타협함으로써 러시아 혁명을 좌절시키는 데 성공한다면, 사회민주주의는 일관성 없는 부르주아지에 대한 투쟁에서 사실상 손발이 묶일 것이다. 프롤레타리아트가 스스로를 혁명에 선명하게 각인하는 데 성공하지 못할 것이라는 의미에서, 프롤레타리아트적인 방식으로, 또는 언젠가 마르크스가 말했던 것처럼 '평민적 방식으로' 차리즘에 빚을 갚는 데 성공하지 못할 것이라는 의미에서, 사회민주주의는 부르주아 민주주의에 '매몰될' 것이다.

만약 혁명이 결정적 승리를 거둔다면 우리는 차리즘에 자코뱅식으로, 또는 독자들이 이런 표현을 원한다면 평민적 방식으로 빚을 갚을 것이다. 1848년에 마르크스는 이름 높은『새 라인 신문』에서 '프랑스의 공포정치 일반은 부르주아지라는 적들에게, 다시 말해 절대주의, 봉건제, 속물 근성에 대해 평민적 방식으로 빚을 갚은 것과 다름없었다'라고 썼다.(Marx, *Nachlass* Mehring's edition Vol. III, p. 211)[19] 민주주의 혁명기에 '자코뱅주의'라는 망령으로 러시아의 사회민주주의적 노동자들을 겁먹게 하려던 사람들이 마르크스가 한 이 말의 의의를 행여 생각이나 해보았을까?

83

6 일관성 없는 부르주아지에 대한 투쟁에서 프롤레타리아트가 손발이 묶일 위험성은 어디로부터 오는가?

현대 러시아 사회민주주의에서 지롱드파[20]인 새『이스크라』파는『해방』파와 합병하지는 않았지만 내거는 슬로건의 성격에 비춰볼 때 사실상 후자의 꽁무니를 따라가고 있다. 그리고『해방』파는, 다시 말해 자유주의적 부르주아지의 대표자들은 귀족정, 귀족들, 또는 궁정의 비위가 상하지 않도록 하기 위해 점잖게, 고분고분하게─아무것도 부숴뜨리지 않도록 조심스럽게─, 흰 장갑(살인마 니콜라이가 '인민의 대표자들'[?]을 위해 열어준 환영 연회에 끼고 가기 위해 페트룬케비치 씨가 터키의 무법자로부터 빌려왔던 것과 같은 장갑.[21]『프롤레타리』제5호•를 볼 것)을 낀 신사들에 걸맞게, 상냥하고도 예의바르며 개량적인 방식으로 전제정에 빚을 갚고 싶어한다.

볼셰비키,『전진』의 지지자들, '대회'파,『프롤레타리』의 지지자들, 또는 그밖에 어떠한 이름으로 부르든 간에 현대 사회민주주의의 자코뱅파는 자신의 슬로건들을 통해 혁명적·공화주의적 프티부르주아지 그리고 특히 농민을, 하나의 계급으로서 스스로의 개별성을 완전하게 보유하는 프롤레타리아트의 일관성 있는 민주주의 수준까지 끌어올리기를 바라고 있다. 그들은 인민, 다시 말해 프롤레타리아트와 농민이 자유의 적들을 가차없이 박살내고, 적들의 저항을 무력으로 무찌르며, 농노보유제, 야만성 및 인간에 대한 모욕 등 저주스러운 유산에 대해 그 무엇이든 조금도 양보하지 않는 '평민적 방식'으로 왕정 및 귀족정에 빚을 갚기를 바라고 있다.

•   *Collected Works* Vol. 8, pp. 526~530을 볼 것. [영문판 주]

이는 물론, 우리가 꼭 1793년의 자코뱅파를 모방하고 그들의 견해, 강령, 슬로건 및 행동방식을 빌려오자고 제안한다는 뜻은 아니다. 전혀 그런 뜻이 아니다. 우리 강령은 낡은 것이 아니라 새로운 것으로서, 러시아 사회민주노동당의 최소강령이다.[22] 우리는 프롤레타리아트와 농민의 혁명적 민주주의 독재라는 새로운 슬로건을 가지고 있다. 우리가 살아생전 혁명의 진정한 승리를 보게 된다면, 우리는 완전한 사회주의 혁명을 위해 싸우고 있는 노동계급 당의 성격 및 목표에 부합되는 새로운 행동방식 또한 가지게 될 것이다. 우리는 다만 앞서의 비유를 통해 18세기의 진보적 계급인 부르주아지의 대표자들이 이를테면 지롱드파와 자코뱅파로 분열되었던 것과 비슷하게, 20세기의 진보적 계급인 프롤레타리아트의 대표자들 곧 사회민주주의자들이 두 진영(기회주의 진영과 혁명적 진영)으로 분열되어 있다는 사실을 설명하고자 할 뿐이다.

오직 민주주의 혁명이 완전히 승리할 경우에만 프롤레타리아트는 일관성 없는 부르주아지에 대한 투쟁에서 손발이 자유로울 수 있다. 오직 그러할 경우에만 프롤레타리아트는 부르주아 민주주의에 '매몰'되지 않고 전체 혁명에 프롤레타리아트의 모습, 보다 정확히 말하면 프롤레타리아트와 농민의 모습을 새겨놓을 것이다.

한마디로 말해, 일관성 없는 부르주아 민주주의에 대한 투쟁에서 자신의 손발이 묶이지 않으려면 프롤레타리아트는 농민의 혁명의식을 일깨우고 그들의 공격을 지도하며 그럼으로써 일관성 있는 프롤레타리아트 민주주의 노선을 독립적으로 추구

6 일관성 없는 부르주아지에 대한 투쟁에서
프롤레타리아트가 손발이 묶일 위험성은 어디로부터 오는가?

하기에 충분할 정도로 계급의식적이며 강력해야만 한다.

일관성 없는 부르주아지에 대한 투쟁에서 우리의 손발이
묶일 위험성의 문제 — 새『이스크라』파에서 제대로 다루지 못
하고 있는 — 는 이러한 점에 바로 그 핵심이 있다. 부르주아지
는 늘 일관성이 없을 것이다. 일정한 조건 및 사항을 충족시킬
경우 부르주아 민주주의자도 인민의 성실한 벗으로 생각할 수
있다는 전제에서 그러한 조건 및 사항을 제시하려 드는 것*보
다 더 어리석고 헛된 일은 없다. 오로지 프롤레타리아트만이 민
주주의를 위한 일관성 있는 투사일 수 있다. 그들은 자신의 혁
명투쟁에 농민 대중이 합세할 경우에만 민주주의를 위한 승리
의 투사가 될 수 있다. 프롤레타리아트가 이 일을 하기에 충분
할 정도로 강력하지 않을 경우에는 부르주아지가 민주주의 혁
명의 선봉에 서서 앞뒤가 맞지 않고 이기적인 성격을 그 혁명에
부여할 것이다. 이런 일은 오직 프롤레타리아트와 농민의 혁명
적 민주주의 독재만이 막을 수 있을 것이다.

그리하여 우리는 전술의 객관적 의의로 볼 때 **부르주아 민
주주의자들의 손아귀에서 놀아나고 있는 것**은 바로 새『이스크라』
파의 전술이라는 의심할 바 없는 결론에 이른다. 국민투표에,
타협의 원칙에, 당 문건이 당으로부터 이탈될 지경에 이르는 조
직적 방만성을 설교하는 일, 봉기라는 목표를 하찮게 보는 일,
혁명적 프롤레타리아트의 인민적인 정치적 슬로건을 왕정주의
적 부르주아지의 슬로건과 혼동하는 일, '혁명이 차리즘에 대해

---

* 　스타로베르가 자신의 결의안[23]에서 시도했고 제3차 대회에서 거부되었으며
　협의회가 똑같이 형편없는 결의안에서 시도하고 있는 것처럼.

결정적 승리를 거두기' 위한 필요조건들을 왜곡하는 일 등 이모든 것이 합쳐져 바로 그 혁명기의 꼼무니주의 정책을 만들어내고 있다. 이러한 정책은 승리에 이르는 유일한 길을 지적하거나 인민 중의 모든 혁명적·공화주의적 분자들이 프롤레타리아트의 슬로건을 고수하게 만들기는커녕, 프롤레타리아트를 당황케 하고, 그 조직을 파괴하고, 그들의 이해에 혼란을 일으키며, 사회민주주의의 전술을 하찮게 보고 있는 것이다.

———

우리가 결의안 분석을 통해 이르게 된 이 결론을 증명하기 위해 똑같은 문제를 다른 각도에서 다뤄보자. 첫째, 어리석고도 거리낌 없는 한 멘셰비키 당원이 그루지야 지방의 『사회민주주의자』에서 새 『이스크라』파의 전술을 어떻게 설명하고 있는가 살펴보자. 둘째, 현 정치상황에서 누가 실제로 새 『이스크라』파의 슬로건을 이용해먹고 있는지를 살펴보자.

87

6 일관성 없는 부르주아지에 대한 투쟁에서 프롤레타리아트가 손발이 묶일 위험성은 어디로부터 오는가?

우리가 앞서 언급한, 티플리스 멘셰비키 '위원회'의 기관지(『사회민주주의자』 제1호)에 실린 논설은 「젬스키 소보르와 우리의 전술」이라는 글이다. 그 필자는 아직 우리의 강령을 완전히 잊고 있지는 않다. 즉 그는 공화국이라는 슬로건을 내세우고 있기는 하다. 하지만 그는 다음과 같은 방식으로 전술을 논한다.

이 목표〔공화국〕를 성취하기 위한 방법으로는 두 가지를 지적할 수 있을 것이다. 정부가 소집하고 있는 젬스키 소보르를 완전히 무시한 뒤 무력으로 정부를 쳐부수고 임시 혁명정부를 수립하여 제헌의회를 소집하는 방법과 젬스키 소보르를 우리의 활동 중심지로 선언하고 무력으로 그 구성과 활동에 영향을 미치며 그것으로 하여금 스스로를 제헌의회로 선포하도록 하거나 그것을 통해 제헌의회를 소집하도록 하는 방법이 있다. 이 두 가지 전술은 피차간에 아주 크게 다르다. 그러면 그것들 가운데 어느 쪽이 우리에게 더 유리한가를 살펴보자.

러시아의 새 『이스크라』파는 우리가 분석했던 결의안에서 잇따라 구체화한 관념들을 또한 바로 이런 방식으로 제시하고 있다. 위의 글을 쓴 것이 불리긴 '계획'이 아직 햇빛을 보지 못했을 때인 쓰시마 전투[24] 이전이었다는 점에 유의하자. 자유주의자들조차 인내심을 잃고 합법적 언론의 지면을 통해 자신들의 불신을 나타냈던 데 반해, 새 『이스크라』파 성향의 한 사회민주주의자는 그 자유주의자들보다 더 쉽게 속아 넘어갔다는 사실이 드러났다. 그는 젬스키 소보르가 '소집되어 있다'라고 선언하면서 아직 있지도 않은 젬스키 소보르(또는 어쩌면 '국가 두마'나 '입법 자문회의'?)를 우리의 활동 중심지로 삼자고 제안할 정도로 차르를 믿고 있는 듯하다. 협의회에서 채택한 결의안을 작성했던 사람들보다 더 거리낌 없고 직선적인 우리의 티플리스 사람은 두 가지 '전술'(그는 이 전술을 비길 데 없이 천진난만하게 설명하고 있다)을 나란히 놓고 있는 것이 아니라 후자가 더 '유리'하다고 선언한다. 어디 한번 잘 들어보라.

첫 번째 전술. 여러분도 알다시피 다가오는 혁명은 부르주아 혁명이다. 곧 그 목적은 프롤레타리아트뿐만이 아니라 전체 부르주아 사회에도 유리할 변화를 현 체제에 가져오는 것이다. 모든 계급, 심지어 자본가들 자신들마저 정부에 적대하고 있다. 어떤 의미에서 전투적 프롤레타리아트와 전투적 부르주아지는 함께 나아가고 있으며 서로 다른 측면에서 함께 전제정을 공격하고 있다. 정부는 완전히 고립되어 있으며 어떠한

89

대중적 공명도 얻지 못하고 있다. 이런 이유로 말미암아 그 정부를 쳐부수는 것은 아주 쉬운 일이다. 전체적으로 봐서 러시아 프롤레타리아트는 독자적으로 혁명을 수행하기에는 아주 충분한 계급의식을 갖지도 못하고 조직도 되어 있지 않다. 또한 설사 그들이 독자적으로 혁명을 수행할 수 있을지라도 그들은 부르주아 혁명이 아닌 프롤레타리아트(사회주의) 혁명을 수행할 것이다. 따라서 정부가 동맹자 없는 상태로 남아 있는 것이, 정부가 반체제 세력을 분열시키거나 부르주아지와 손을 잡아 프롤레타리아트를 고립에 빠뜨릴 수 없도록 하는 것이 우리에게는 유리하다.

차르 정부가 부르주아지와 프롤레타리아트를 분열시킬 수 없는 것이 프롤레타리아트에게 유리하다니! 이 그루지야의 기관지를 『해방』이 아니라 『사회민주주의자』라 부르는 것은 실수가 아니겠는가? 그리고 민주주의 혁명에 관한 그 유례없는 철학에 유의하라! 이 한심한 티플리스 사람이 '부르주아 민주주의'라는 개념을 현학적·꽁무니주의적으로 해석함으로써 절망적 혼동에 빠져 있다는 것은 명백하지 않은가? 그는 민주주의 혁명에서 프롤레타리아트가 고립될 가능성을 문제 삼으면서도 간단한 것을 잊고 있다. ……바로 농민을 잊고 있는 것이다! 그는 프롤레타리아트가 동맹할 수 있는 세력으로서 젬스트보의 지주들은 알아보고 또 지지하면서도 농민들은 깨닫지 못하고 있다. 그것도 바로 캅카스Kavkaz(코카서스)에서! 그렇다면, 새 『이스크라』

파가 자신들의 추론 과정에서 혁명적 농민을 우리의 동맹자 지위로 끌어올리는 대신 스스로 왕정주의적 부르주아지 수준으로 떨어지고 있다는 우리의 이야기가 옳지 않겠는가?

…… 그렇지 않을 경우 프롤레타리아트의 패배와 정부의 승리는 필연적이다. 바로 이것이 전제정 쪽에서 성취하고자 애쓰는 것이다. 젬스키 소보르에서 정부는 귀족, 젬스트보, 도시, 대학 및 유사한 부르주아 기관 등의 대표자들을 의심할 나위 없이 자기편으로 끌어들일 것이다. 정부는 사소한 양보로 그들을 달래고 그럼으로써 그들과 타협하려 들 것이다. 정부는 이런 식으로 강화된 데 이어 자신의 모든 공격력을 고립무원일 노동자 인민에게 집중할 것이다. 우리의 임무는 그런 불행한 결과를 방지하는 것이다. 하지만 첫 번째 방식을 써서 이런 일을 할 수 있을까? 우리가 젬스키 소보르에 대해서는 어떠한 주의도 기울이지 않고, 그 대신 스스로 봉기준비를 시작하여 어느 화사한 날에 무장을 하고 전투준비를 해서 거리로 나온다고 가정해 보자. 그 결과는 우리가 하나가 아닌 두 가지 적, 다시 말해 정부 및 젬스키 소보르라는 적과 맞닥뜨릴 것이라는 사실이다. 우리가 준비하는 동안 그들은 타협하여 상호 간 합의에 들어가고 자신들에게 유리한 헌법을 기초하여 자신들끼리 권력을 나눠가질 수 있을 것이다. 이 전술은 정부에 직접적으로 유리한 것이므로

91

우리는 아주 적극적으로 그 전술을 거부해야만 한다.

이 말은 정말로 솔직하다! 우리가 봉기를 '준비하는 동안' 정부가 부르주아지와 타협에 이를 것이므로 우리는 봉기를 준비한다는 '전술'을 단호하게 거부해야 한다는 것이다. 가장 미친 듯한 경제주의의 옛 문건에서조차 혁명적 사회민주주의에 대한 이러한 치욕에 그저 버금가기라도 할 만한 것을 과연 찾아낼 수 있겠는가? 노동자들과 농민들의 봉기 및 소요가 곳곳에서 줄지어 일어나고 있다는 것은 사실이다. 하지만 젬스키 소보르는 불리긴의 약속이다. 그리고 티플리스 시市의 사회민주주의자는 봉기를 준비한다는 전술을 거부하면서 '영향력의 중심지' 곧 젬스키 소보르를 기다려야 한다는 결정을 내리고 있다.

> …… 반대로 두 번째 전술은 젬스키 소보르를 우리의 지도하에 두며, 그것이 자의적으로 행동하여 정부와 합의에 이르도록 할 기회를 주지 않는 것이다.•
> 우리는 젬스키 소보르가 전제정과 싸우는 한 그것을 지지하며, 전제정과 타협할 경우에는 언제라도 그것과 싸운다. 우리는 강력한 간섭과 무력으로 대표자들의 분열을 가져와서•• 급진주의자들을 우리 편으로

• 무슨 수로 젬스키 소보르 사람들의 의지를 꺾을 수 있겠는가? 혹시 특수한 종류의 리트머스 시험지를 써서?

•• 맙소사! 이렇게 틀림없이 전술을 '심원하게' 만들고 있구나! 거리에서 싸우는 데 쓸 무력은 없지만, '무력으로' '대표자들의 분열을 가져올' 수는 있다는 것이

끌어들이고, 보수주의자들을 정부에서 몰아냄으로써 전체 젬스키 소보르가 혁명의 길을 걸어가도록 할 것이다. 그런 전술들로 말미암아 정부는 항상 고립된 채로 있을 것이고, 반체제 세력은 강력해질 것이며, 그리하여 민주주의 체제의 수립은 촉진될 것이다.

아무렴, 아무렴! 이제 누구든지 새 『이스크라』파가 가장 천박한 모습의 경제주의로 경도되고 있다고 우리가 과장한다고 말해보라. 이는 바로 파리들을 근절하기 위한 유명한 가루약 같다. 먼저 파리를 잡아 그걸 끈끈이 종이에 붙여라, 그러면 파리는 죽을 것이다. 젬스키 소보르 대표자들을 무력으로 분열시켜 '보수주의자들을 정부에서 몰아내라', 그러면 전체 젬스키 소보르는 **혁명의 길을 걸을 것이다**. ……어떠한 종류의 '자코뱅'식 무장봉기도 안 되고, 다만 **젬스키 소보르의 성원들에게 점잖고 거의 의회적인 방식**으로 '영향력을 행사하는' 봉기만이 가능하다는 것이다.

가련한 러시아여! 흔히 러시아가 늘 유럽에서 벗어던져버린 구닥다리 모자를 쓴다고들 한다. 우리는 아직 의회라고는 없으며, 불리긴조차 아직 의회를 약속한 바 없지만 의회주의 백치병[25]에는 단단히 걸려 있다.

다. 티플리스 출신의 동지여, 듣게. 꼭 거짓말을 해야겠다면 그리하게. 하지만 거기에도 한계는 있을 거네……

7 '정부에서 보수주의자들을 몰아내는' 전술

……이러한 간섭을 어떻게 실행할 것인가? 무엇보다도 먼저 우리는 보통 및 평등 선거권, 비밀투표에 의한 직접선거의 바탕 위에서 젬스키 소보르를 소집하라고 요구할 것이다. 이런 선거절차의 발표*와 동시에 선거운동을 전개하기 위한 완전한 자유, 다시 말해 집회·언론·출판의 자유, 선거인과 후보자의 신체에 대한 불가침, 모든 정치범의 석방 등이 입법화되어야 한다.** 선거 자체는 우리가 인민을 일깨우고 준비시키기에 충분한 시간을 얻기 위해 가능한 한 늦은 시기로 정해져야 한다. 그리고 소보르의 소집에 적용될 법규를 기초하는 일은 내무대신 불리긴을 우두머리로 하는 위원회에서 맡게 되었으므로 우리는 이 위원회와 그 성원들에게도 영향력을 행사해야 할 것이다.* 불리긴 위원회에서 우리의 요구를 충족시키기를 거부하고** 참정권을 재산 소유자들에게만 부여한다면, 우리는 이 선거에 개입하여 혁명적 수단으로 투표자들이 진보적 후보들을 선출하고 젬스키 소보르에서 제헌의회를 요구하도록 만들어야 할 것이다. 끝으로 우리는 시위, 파업 그리고 필요하다면 봉기 등 모든 가능한 조치를 통해 젬스키 소보르가 제헌의회를 소집하도록 하거나

---

* 　어디, 『이스크라』에서?
** 　니콜라이에 의해서?
◆ 　그래서 이게 바로 '정부에서 보수주의자들을 몰아내는 전술'이라는 말인가!
◆◆ 　하지만 이 올바르고 심원한 전술에 따르면 그러한 일은 분명 일어날 수 없다!

스스로를 제헌의회로 선언하도록 강요해야 할 것이다. 무장한 프롤레타리아트는 제헌의회의 수호자가 되어야 하며, 이 둘이 함께* 민주주의 공화국을 향해 행진해나가야 할 것이다.

그러한 것이 사회민주주의적 전술이며, 또 그것만이 우리에게 승리를 안겨줄 것이다.

믿을 수 없을 정도로 터무니없는 이 말을 새 『이스크라』파의 어떤 애송이 필자가, 권위도 없고 영향력도 없는 어떤 사람이 했다고 독자는 상상하지 말라. 그렇기는커녕 이 말은 새 『이스크라』 지지자들의 전체 위원회인 티플리스 위원회의 **기관지**에서 언급되고 있다. 그뿐만이 아니다. 『이스크라』는 이 허튼소리를 **공개적으로** 승인하고 있다. 『이스크라』 제100호에서는 『사회민주주의자』 해당호에 관해 다음과 같이 말한다.

> 제1호는 박력 있고 재기발랄하게 편집되어 있다. 유능한 편집자와 필자의 능숙한 손길을 느낄 수 있다. …… 이 신문은 스스로 설정한 과제를 훌륭하게 수행할 것이라고 아주 자신있게 말해도 좋을 것이다.

그렇고말고! 그 과제가 새 『이스크라』적 흐름의 극단적인 이념 타락을 모든 이에게 똑똑히 보여주는 것이라면 그 일은 정말로

---

* 무장한 프롤레타리아트와 '정부에서 쫓겨난' 보수주의자들이 함께?

95

'훌륭하게' 수행되었다. 새『이스크라』파가 자유주의 부르주아
적 기회주의로 타락한 것을 이보다 더 '박력 있고 재기발랄하게
그리고 더 유능한' 방식으로 표현할 수 있었던 사람은 전혀 없
었다.

이제 새『이스크라』적 경향의 정치적 의미에 관한 또 다른 중요한 확인으로 나아가보자.

「어떻게 자아를 발견할 것인가」(『해방』제71호)라는 멋지고 주목할 만하며 아주 유익한 논설에서 스트루베 씨는 우리 극단적 정당들의 '강령적 혁명주의'와 싸움을 벌이고 있다. 스트루베 씨는 개인적으로 나에 대해 아주 언짢아하고 있다.* 나

---

* "레닌 씨 및 그의 동료들의 혁명주의와 비교해볼 때, 베벨 심지어 카우츠키의 서구 사회민주주의의 혁명주의도 기회주의이다. 하지만 역사는 이미 누그러진 이런 혁명론마저 그 토대를 침식하여 휩쓸어갔다." 아주 성난 공격이다. 다만 스트루베 씨가 이미 세상을 떠난 적대자에게 비난을 퍼붓듯 온갖 책임을 내게 돌릴 수 있다고 생각한다면 오산일 것이다. 나는 스트루베 씨에게 그저 다음 물음에 답해보라는 도전장만 던지면 될 것 같다. 물론 그가 그런 도전을 받아들일 리 없을 게 뻔하지만 말이다. 내가 언제 어디서 베벨과 카우츠키의 혁명주의를 기회주의라고 불렀는가? 내가 언제 어디서 베벨이나 카우츠키의 경향과 일치하지 않는 어떤 특별한 경향을 국제 사회민주주의에서 창출해냈다고 주장한 적이 있는가? 한편으로는 나와, 다른 한편으로는 베벨 및 카우츠키 간에, 이를테면 브레슬라우[26]에서 농업 문제에 관해 베벨과 카우츠키가 보였던 차이와 심지어 엇비슷하기라도 할 심각한 차이가 언제 어디서 드러났는가? 스트루베 씨로 하여금 이 세 가지 물음에 답하도록 해보자. 우리는 독자들에게 이렇게 말한다. 자유주의적 부르주아지는 일정한 나라의 사회민주주의 신봉자들에게 그 나라의 사회민주주의자들은 되먹지 않은 반면, 이웃 나라의 그 동료들은 '쓸 만한' 사람들이라는 점을 확신시키는 방법을 어디서나 늘 써먹는다. 독일 부르주아지는 베벨류나 카우츠키류에 대한 모범으로서 '쓸 만

97

에 관한 한, 스트루베 씨 때문에 내가 이보다 더 기쁠 수는 없을 것이다. 나로서는 되살아나고 있는 새『이스크라』파의 경제주의자와 사회혁명당원들이 보여주는 무원칙성에 대한 싸움에서 더 훌륭한 동맹자를 바랄 수 없을 것이다. 좀 다른 기회에 우리는 사회혁명당원들의 강령 초안에서 이루어진 마르크스주의에 대한 '수정들'이 얼마나 철저하게 반동적인가를 스트루베 씨와『해방』이 실제로 어떻게 증명하고 있는가 하는 점을 언급할 것이다. 우리는 스트루베 씨가 **원칙적으로** 새『이스크라』적 경향을 인정할 때마다 그가 나에게 베풀어준 정직하고 충실하며 실질적인 봉사에 관하여 이미 되풀이해 말해왔으며,• 이제 그

한' 프랑스 사회주의자들을 **골백번**이나 내세워왔다. 프랑스 부르주아지는 프랑스 사회주의자들에 대한 모범으로서 아주 최근에 베벨을 지목했다. 스트루베 씨, 이런 짓은 낡아빠진 계략이오! 그대는 어린애나 무지한 사람들만이 그런 미끼에 걸려든다는 사실을 보게 될 것이오. 혁명적인 국제 사회민주주의가 강령 및 전술상의 모든 주요 문제에서 완벽한 의견일치를 보이는 것은 전혀 뒤집을 수 없는 사실이다.

• 「무엇을 해서는 안 될 것인가」라는 논설(『이스크라』제52호)이 기회주의자들에게 양보한 '주목할 만한 전환'이라며『해방』이 시끌벅적하게 환호했던 사실을 독자들에게 상기시키고 싶다.『해방』은 러시아 사회민주주의자들의 분열에 관한 논설에서 새『이스크라』적 관념에 깔린 원칙들에 대해 특히 칭찬을 아끼지 않았다.『해방』은 「우리의 정치적 과제들」이라는 트로츠키의 팸플릿에 대해 논평하면서 이 저자의 생각과『라보체예 뎰로』*Rabocheye Dyelo*(이하『노동의 대의』)의 필자인 크리쳅스키, 마르티노프, 아키모프 등이 언젠가 쓰고 말했던 것 사이의 유사점을 언급한다.(『전진』에 발표된 「어떤 친절한 자유주의자」라는 제목의 유인물을 보라.)[*Collected Works* Vol.7, pp.486~489 —영문판 주]『해방』은 두 가지 독재에 관한 마르티노프의 팸플릿을 환영하고 있다.(같은 내용을 다룬『전진』제9호의 논설을 보라.)[*Collected Works* Vol.8, pp.221~222 —영문판 주] 끝으로, "먼저 경계선을 긋고 난 뒤에 통합하라"라는 옛『이스크라』의 오래된 슬로건에 대한 스타로베르의 때늦은 불평은『해방』으로부터 각별한 공감을 얻었다.

점을 한 번 더 말해볼까 한다.

스트루베 씨의 글에는 재미있는 이야기가 아주 많은데, 여기에서는 그저 지나치듯 언급할 수 있을 뿐이다. 그는 '계급투쟁이 아니라 계급협력에 의존하여 러시아 민주주의를 창출'하려는 뜻을 품고 있는데, 이 경우에 '사회적 특권을 누리는 인텔리겐차'(스트루베 씨가 진정한 상류사회의 하인처럼…… 공손히 경의를 표하게 되는 일종의 '교양 있는 귀족')는 '자신의 사회적 지위의 무게'(곧 그 돈가방의 무게)를 이 '비계급' 정당에 가져다줄 것이라고 한다. 스트루베 씨는 '부르주아지가 겁을 집어먹고 프롤레타리아트와 자유의 대의를 저버렸다는 상투적이고 급진적인 의견'이 무가치하다는 것을, 젊은이들이 알게 해주고 싶다는 소망을 나타낸다.(우리는 이 소망을 마음으로부터 뜨겁게 환영한다. 이 마르크스주의적인 '상투적 의견'이 옳다는 것을 스트루베 씨가 그 의견에 대해 벌이고 있는 싸움보다 더 잘 확인해줄 수 있는 것은 아무것도 없다. 스트루베 씨여, 그대의 이 멋진 계획을 부디 미루지 마시길!)

우리의 주제를 위해서는, 아주 사소한 날씨 변화에도 예민하게 반응하는 이 정치적으로 민감한 러시아 부르주아지의 대표자가 지금 맞서 싸우고 있는 **실천적** 슬로건들에 유의하는 게 중요하다. 첫째, 그는 공화주의라는 슬로건에 맞서 싸우고 있다. 스트루베 씨는 이 슬로건이 '인민 대중이 이해하기에는 어렵고 낯설다'(부르주아지로서는 이해할 수는 있지만 득을 얻을 수는 없다는 말을 그는 잊어먹고 덧붙이지 않았다!)고 굳게 믿고 있다. 우리는 스트루베 씨가 우리의 서클에서 그리고 대중집회에서 노

99

동자들로부터 어떤 대답을 들을 것인지 보았으면 한다. 아니면 노동자들은 혹시 인민이 아니라는 것인지? 또 농민들은 어떠한가? 이따금 그들은 스트루베 씨가 말하는 '순진무구한 공화주의'("차르를 쫓아내자")에 빠져 있기는 하다. 하지만 자유주의적 부르주아지는 **순진무구한** 공화주의가, 계몽된 공화주의가 아니라 계몽된 왕정주의로 대체될 것이라 믿고 있다! 이런 일은 형편 나름이오, 스트루베 씨. 곧 그런 일은 상황에 따라 달라질 것이다. 차리즘과 부르주아지는 지주소유지를 희생시켜 농민들의 여건을 급진적으로 개선하는 일에 반대하지 않을 수 없는 반면, 노동계급은 이 점에 있어서 농민들을 돕지 않을 수 없는 것이다.

둘째로, 스트루베 씨는 '내전에서 공격자는 항상 오류에 빠진다'라고 주장한다. 이런 관념은 위에서 언급한 새 『이스크라』파의 경향과 밀접하게 맞물려 있다. 물론 우리가 말하고자 하는 바가 내전에서는 공격하는 것이 **항상** 유리하다는 점은 아니다. 오히려 방어적 전술이 **일시적으로** 불가피한 경우도 이따금 있는 것이다. 하지만 스트루베 씨가 내걸었던 것과 같은 명제를 1905년의 러시아에 적용해보면 바로 '급진적인 상투적 의견'('부르주아지가 겁을 집어먹고 자유의 대의를 저버린다'는 것)이 조금이나마 입증된다는 것을 알 수 있다. 이제 전제정과 반동에 대해 공격하기를 거부하는 그 누구도, 그러한 공격을 위해 준비하지 못하는 그 누구도, 그러한 일을 옹호하지 않는 그 누구도 스스로 혁명의 지지자라고 말할 자격은 없다.

스트루베 씨는 '비밀성'과 '폭동'(폭동은 '축소판 봉기'이다)이라는 슬로건을 비난한다. 스트루베 씨는 이 두 가지를 모두 경멸했는데, 그것도 '대중에게로의 접근'이라는 관점에서 경멸하고 있는 것이다. 우리는 스트루베 씨가 이를테면 『무엇을 할 것인가?』* ― 그의 관점에서 보면 한 극단적 혁명가의 저술이라고 할 ― 에서 폭동을 옹호하는 구절을 한 군데라도 지적할 수 있는지 묻고 싶다. '비밀성'에 관해 말하자면, 예컨대 우리와 스트루베 씨 사이에 진정으로 큰 차이가 있는가? 우리는 모두, '비밀리에' 러시아로 밀반입되어 『해방』 연맹이든 러시아 사회민주노동당이든 간에 '비밀' 집단들에게 기여하고 있는 '비합법' 신문에서 일하고 있지 않은가? 우리 노동자들의 대중집회는 자주 '비밀리에' 열리며, 우리는 그런 죄를 짓고 있다. 하지만 『해방』 연맹의 신사들이 여는 집회는 어떠한가? 스트루베 씨, 그대는 수치스러운 비밀성을 강력히 지지하는 수치스러운 사람들을 꼬집고 경멸할 만한 무슨 근거라도 있는가?

사실 노동자들에게 무기를 공급할 경우에는 엄격한 비밀성이 반드시 필요하다. 이 점에 관해 스트루베 씨는 좀 더 거리낌 없이 말한다. 좀 들어보라. "무장봉기, 또는 기술적 의미에서의 혁명에 관해 말하자면, 민주주의적 강령의 대중선전만이 전면적 무장봉기를 위한 사회심리적 상황을 창출해낼 수 있다. 그러므로 무장봉기가 해방을 위한 현 투쟁의 **필연적** 정점이라는 관점 ― 나는 이 견해에 동의할 수 없다 ― 에서조차 대중에게 민주주의 개혁의 관념을 불어넣는 일은 아주 근본적이고 필수적인 과제이다."

● *Collected Works* Vol. 5, pp. 347~529를 볼 것. [영문판 주]

스트루베 씨는 문제를 회피하려 한다. 그는 봉기의 필연성에 관해 말할 뿐 혁명의 승리를 위한 봉기의 필수성에 관해서는 말하지 않고 있다. 준비되지 않고 자생적이며 산발적인 봉기는 이미 시작되었다. 그것이 본격적이며 종합적인 인민봉기로 발전할지 여부는 혁명세력들의 상태(이는 투쟁 과정 자체를 겪어봐야만 완전하게 평가할 수 있다), 정부 및 부르주아지의 행동, 그리고 엄밀하게 예측할 수 없는 여러 가지 다른 상황 따위에 달려 있기 때문에 아무도 확실하게 잘라 말할 수 없다. 어떤 구체적 사건이 절대적으로 확실할 때 필연성에 관해 말하는 것은 무의미한데, 스트루베 씨는 문제를 바로 이 필연성으로 환원하는 것이다. 누구든지 혁명의 동지가 되려고 한다면, 그 사람은 봉기가 혁명의 **승리**에 **필수적**인가 여부, 그리고 그것을 단호하게 선언하고 옹호하며 그것을 위해 즉각적이고도 힘차게 준비하는 것이 필수적인가 여부를 말해야 한다. 스트루베 씨가 이런 차이점을 이해하지 못했을 리 없다. 예컨대 그는 현재의 혁명에서는 보통선거권 성취 — 정치활동을 하는 사람들에게는 논쟁의 여지가 있고 대수롭지도 않은 — 가 불가피하다는 문제를 제기함으로써, 보통선거권이 필수적이라는 것 — 민주주의자에게는 논쟁의 여지가 없는 — 을 드러내고 있는 것이다. 봉기의 필수성이라는 문제를 회피함으로써 스트루베 씨는 자유주의적 부르주아지의 정치적 입장의 아주 내밀한 본질을 드러낸다. 첫째로, 부르주아지는 전제정을 분쇄하기보다는 그것과 타협하기를 더 바라고 있다. 둘째로, 부르주아지는 어떤 경우에도 무장투쟁을 노동자들의 어깨에 떠넘기려 한다. 그것이 스트루베 씨가 회피하고 있는 **진정한** 이유이다. 바로 그것이 그가 봉기의 필수성이라는 문제로부터 **물러서서** '봉기의 사회심리적 상황' 및 예비적 '선전'의 문제를 내세우는 이유이다.

1848년 프랑크푸르트 의회에서 정부군을 몰아내는 것이 문제였을 때, 운동이 무장투쟁의 '필수성에 이르렀을' 때, 말로만 설득하는 것(준비기 동안에는 골백 배나 필요하겠지만)이 진부한 부르주아적 비활동성 및 비겁성에나 어울리게 되었을 때, 부르주아 허풍선이들은 결의안, 선언문, 결정사항 등을 작성하고 '대중선전'에 열중하며 '사회심리적 상황'을 마련하는 일에 바빴다. 이와 아주 똑같이 스트루베 씨 또한 봉기 문제를 회피하면서 **요설** 속에 숨어버리고 있다. 스트루베 씨는, 역사상 평범하고 일상적인 준비기가 아닌 혁명기에는 대중의 기질, 흥분, 신념 따위가 **행동으로** 나타나야 하고 또 실제로 나타난다는 사실에 대해 많은 사회민주주의자가 눈감아버린다는 것을 우리에게 아주 명백히 보여준다.

속류 혁명주의는 말 또한 행동이라는 것을 이해하지 못한다. 이 명제는 역사 **일반**, 또는 어떤 공공연한 정치적 대중투쟁도 일어나지 않은 어느 역사적 시기에 적용해봐도 논쟁의 여지가 없다. 반면 어떤 폭동도 그러한 대중투쟁을 대신하거나 인위적으로 불러일으킬 수 없다. 혁명기가 되었을 때, 낡은 '상부구조'가 꼭대기부터 바닥까지 금이 갔을 때, 스스로 새로운 상부구조를 창출하는 계급과 대중의 공공연한 정치행동이 현실이 되었을 때, 그리고 내전이 시작되었을 때 ─ 꿈무니주의적 혁명가들은 '행동'으로 넘어갈 필요성을 외치는 **직접적 슬로건**을 내

103

세우는 대신 옛 방식대로 '말'로만 떠들고 '심리적 상황' 및 '선전' 일반의 필요성을 내세워 행동을 회피하려는 것이 무감각, 비생명성, 현학이자 혁명에 대한 배신이며 변절이라는 사실을 깨닫지 못하고 있다. 민주주의적 부르주아지인 프랑크푸르트 허풍선이들은 바로 그러한 변절이나 현학적 우매성의 기념할 만한 역사적 본보기이다.

　　여러분은 혁명가들의 속류 혁명주의와 꽁무니주의의 이런 차이를 설명해주는 예를 러시아 사회민주주의 운동사에서 찾아보았으면 하는가? 우리는 여러분에게 그러한 예를 찾아드리고자 한다. 아주 최근이지만 오늘날 우리에게는 이미 옛 이야기인 듯한 1901년과 1902년을 상기해보라. 시위가 시작되었다. 속류 혁명주의는 '돌격'을 부르짖었고(『노동의 대의』), '피에 굶주린 뻬라'(내 기억이 틀리지 않다면, 베를린에서 찍은)가 발행되었으며, 신문을 통해 전국적 규모로 선동을 수행한다는 생각을 '문필적 허세'와 책상물림이라 하여 공격하고 있었다.(나데즈딘) 한편 당시 혁명가들의 꽁무니주의는 '경제투쟁이 **가장 훌륭한** 정치적 선동수단'이라는 가르침으로 나타났다. 혁명적 사회민주주의자들은 어떻게 행동했는가? 그들은 이 두 경향을 모두 공격했다. 그들은 테러리스트적 불꽃놀이 방식들과 공격 전술에 관한 외침을 비난했는데, 이는 공공연한 대중행동이 앞날의 일이라는 것이 누구에게나 명백했거나 명백해야 했기 때문이다. 그들은 꽁무니주의를 비난하고 **심지어** 인민봉기라는 슬로건까지 공공연하게 내세웠다. 하지만 그것은 직접적 호소(스트루베 씨는 그 시기에 우리가 발언했던 것 중에서 '폭동'을 일으키라는 어떤 호소도 찾아내지 못할 것이다)라는 의미가 아니라 **필수적 추론**이라는 의미, 곧 '선전'(스트루베 씨가 이제야 겨우 생각하게 된—우리의 존경할 만한 스트루베 씨는 언제나 시대에 몇 년 뒤지고 있다)의 의미에서, 다시 말하자면 당황하게 된 비열한 부르주아지의 대표자들이 지금 '애처롭게 그리고 온당치 않게' 내세우고 있는 바로 그 '사회심리적 상황'을 마련한다는 의미에서 내세운 것이다. 그 **당시에는** 선전과 선동, 선동과 선전이 객관적 정세로 말미암아 진정으로 전면에 등장했다. 그 당시에는, 주간지로 발행하는 것도 힘겨울 듯했던 전 러시아 정치신문에 관한 작업이 봉기를 준비하는 작업의 시금석으로 제안될 수 있었다.(그리고 『무엇을 할 것인가?』에서 제안되었다) 그 당시에는 직접적 문장행동 대신 대중선동을, 테러리스트적 불꽃놀이 대신 봉기를 위한 사회심리적 조건의 마련을 옹호하는 슬로건이 혁명적 사회민주주의가 지닌 유일하게 올바른 슬로건이었다. **이제는** 이 슬로건들이 사태를 뒤쫓지 못하고 있으며 운동보다 뒤떨어져 있다. 그 슬로건들은 넝마, 다시 말해 『해방』파의 위선과 새 『이스크라』파의 꽁무니주의를 감추는 데에나 어울릴 걸레조각이 되어버렸다!

아니면 내가 혹시 잘못 알고 있는 것일까? 혹시 혁명이 아직 시작되지 않은 것일까? 혹시 계급들이 공공연한 정치행동을 벌일 시점에 아직 이르지 못한 것일까? 혹시 어떠한 내전도 아직 없으며, 무기라는 비판이 비판이라는 무기의 **필수적**이며 불가피한 계승자, 상속자, 수탁자, 실행자가 아직 되지 못한 것일까?

서재에서 나와 주변을 둘러보라, 그리고 여러분의 해답을

105

거리에서 찾아보라. 정부는 평화적인 비무장 시민 군중을 도처에서 쏘아죽임으로써 스스로 내전을 시작하지 않았는가? 무장한 검은100명대[27]는 전제정을 증명해주는 논거로서 나서지 않았는가? 부르주아지 — 심지어 부르주아지조차 — 는 시민군의 필요성을 인정하지 않았는가? 스트루베 씨, 즉 이상적으로 온건하며 격식을 차리는 스트루베 씨 스스로 '혁명 활동의 공개적 성격'(이것이 오늘날 우리가 처한 상황이다!)이 이제 '인민 대중에게 교육적 영향력을 미치기 위한 가장 중요한 조건들 가운데 하나'라고 말하고 있지 않은가.(한심하다, 그가 이렇게 말하는 것이 오직 문제를 회피하기 위한 것이라니!)

눈이 제대로 달린 사람이라면 혁명의 열성적 지지자들이 지금 봉기의 문제를 제시해야 한다는 것에 대해 어떤 의심도 품을 수 없다. 대중에게 상당히 영향을 미칠 수 있는 자유로운 언론기관들에서 이 문제를 어떻게 제시하고 있는가를 세 가지로 나눠 살펴보자.

첫 번째 제시. 러시아 사회민주노동당 제3차 대회의 결의안.● 전반적인 민주주의 혁명으로 봉기의 **불가피성**이 이미 초래

● 다음은 그 전문이다.

　1) 자신의 상황에 힘입어 가장 앞서 있으며 유일하게 일관성 있는 혁명적 계급인 프롤레타리아트는 바로 이런 이유로 러시아의 전반적인 민주주의 혁명운동에서 주도적 역할을 수행할 사명을 부여받고 있으므로,

　2) 현 시점에서 이 운동은 이미 무장봉기의 필요에 이르렀으므로,

　3) 프롤레타리아트는 필연적으로 이 봉기에 가장 적극적으로 참여할 것이고 그 참여가 러시아 혁명의 운명을 결정할 것이므로,

　4) 프롤레타리아트는 이념적으로나 실천적으로나 그 투쟁을 지도할 사회민주노동당의 깃발 아래 단일한 독립적 정치세력으로 통합될 때에야 비로소 이

되었다고 공식적으로 승인하며 선언하고 있다. 봉기를 위한 프롤레타리아트의 조직화는 필수적이고 중요하며 **불가결한** 당의 과제들 가운데 하나로 일정에 자리잡았다. 프롤레타리아트를 무장시키고 봉기의 직접적 지도의 가능성을 확보하기 위해서 **가장** 적극적인 조치를 취해야 한다는 지시가 내려졌다.

두 번째 제시. '러시아 입헌주의자들의 지도자'(유럽 부르주아지의 유력한 기관지인『프랑크푸르터 차이퉁』[28]에서는 요즘 스트루베 씨를 일컬어 그렇게 부르고 있다), 또는 러시아의 진보적 부르주아지의 지도자가 원칙들을 진술하고 있는『해방』의 논설 한 편. 그는 봉기가 불가피하다는 의견에 동의하지 않는다. 비밀활동과 폭동은 비이성적 혁명주의의 특유한 방법들이다. 공화주의는 간담이 서늘한 방식이다. 대중선전을 수행하고 사회심리적 상황을 마련하는 일이 그들에게는 '근본적이며 아주 필

혁명에서 주도적 역할을 수행할 수 있으므로,

5) 사회주의를 위한 그리고 부르주아 민주주의적 러시아의 유산계급들에 맞선 투쟁에서 프롤레타리아트가 가장 유리한 조건을 확보하는 것은 이 역할을 완수할 때에만 가능하므로, 그러므로 러시아 사회민주노동당 제3차 대회에서는, 무장봉기로 전제정에 맞서는 직접적 투쟁을 벌이기 위해 프롤레타리아트를 조직하는 일이 혁명의 현 시점에서 가장 중요하고 가장 절박한 과제 가운데 하나라고 평가한다. 이에 따라 대회에서는 모든 당 조직에 다음의 일을 지시한다.

가) 코앞에 닥친 무장봉기의 정치적 의의뿐만 아니라 실천적 조직 측면까지도 선전과 선동을 통해 프롤레타리아트에게 설명한다.

나) 봉기가 시작될 때나 진전될 동안 아주 중요할 대중 정치파업의 역할을 그 선전 및 선동을 통해 설명한다.

다) 무장봉기 및 그 직접적인 지도 계획을 세우는 것뿐 아니라 프롤레타리아트를 무장시키기 위해서도 가장 적극적인 조치를 취하며, 이 목적을 위해 필요하다면 당 일꾼들로 특수 집단을 구성한다. [1907년판의 레닌 주]

107

수적인 과제'인 반면, 봉기는 진정으로 단순한 기술적 문제이다.

세 번째 제시. 새 『이스크라』파 협의회의 결의안. 우리의 과제는 봉기에 대비하는 것이다. 계획적인 봉기는 있을 수 없다. 봉기에 유리한 조건들은 정부의 해체로서, 우리의 선동으로 그리고 우리의 조직으로 창출된다. '기술적인 전투준비'는 그럴 때에야 비로소 '어느 정도 진지한 의의를 획득할 수 있다.'

이게 전부라고? 그래, 이게 전부이다. 봉기가 필수적인 것이 되었는가 여부는 프롤레타리아트의 새 『이스크라』파 지도자들이 아직 모르고 있는 부분이다. 당면한 투쟁을 위해 프롤레타리아트를 조직한다는 과제가 절박한 일이라는 점이 그들에게는 아직 명확하지 않다. 가장 적극적인 조치의 채택을 재촉하는 일은 필요하지 않다. (1902년이 아니라 1905년에) 훨씬 더 중요한 것은 이런 조치들이 '얼마간의 진지한' 의의를 어떤 조건들하에서 획득'할 수 있을' 것인가를 개략적으로 설명하는 일이다…….

새 『이스크라』파 동지들이여, 마르티노프주의에 경도됨으로써 그대들이 어떤 지경에 이르렀는지 이제 아시겠는가? 그대들의 정치철학이 『해방』파 철학의 재탕으로 드러났다는 사실을, 그리고(그대들의 의지에 반해, 또 그대들이 알지도 못하는 사이에) 그대들이 왕정주의적 부르주아지의 꽁무니를 쫓아다니고 있다는 사실을 깨달았는가? 케케묵은 진리들을 되풀이하고 궤변으로 스스로를 합리화하는 동안 ─ 표트르 스트루베가 쓴 유명한 논설의 기억해둘 만한 말들 가운데 ─ '혁명행동의 공개적 성격은 이제 인민 대중에게 교육적 영향력을 미치기 위한 가장 중요한 조건들 가운데 하나'라는 사실을 그대들이 놓쳤다는 게 이제 명백해지지 않았는가?

9 혁명기에 철저한 야당이 된다는 건 무슨 뜻인가?

임시 혁명정부에 관한 결의안으로 되돌아가보자. 우리는 새『이스크라』파의 전술이 혁명을 전진시키는 것 — 그들은 자신들의 결의로 그럴 가능성을 확보하길 바란다 — 이 아니라, 후퇴시킨다는 것을 보여주었다. 우리는 일관성 없는 부르주아지에 대한 투쟁에서 사회민주주의의 손발이 묶이거나, 사회민주주의가 부르주아 민주주의에 매몰되지 않도록 막아주지 못하는 것이 바로 이런 전술이라는 사실을 보여주었다. 결의안의 그릇된 전제들은 당연히 다음과 같은 그릇된 결론을 초래한다. 곧 '그러므로 사회민주주의는 임시 혁명정부 안에서 권력을 장악하거나 공유하는 것을 목표로 삼아서는 안 되며, 다만 철저한 혁명적 야당으로 남아 있어야 한다.' 목표에 관련된 진술을 담고 있는 이 결론의 전반부를 생각해보라. 새『이스크라』파는 차리즘에 대한 혁명의 결정적 승리가 사회민주주의의 활동 목표라고 선언하고 있는가? 그렇다. 그들은 결정적 승리의 조건을 올바로 정식화할 수 없기 때문에『해방』파의 정식으로 빠져들고 있지만, 어쨌든 이런 목표를 스스로 설정하고 있기는 하다. 나아가 그들은 임시 혁명정부를 봉기와 관련시키고 있는가? 그렇다. 그들은 임시정부가 '인민봉기의 승리로부터 생겨난다'고 언

110

급함으로써 직접적으로 그렇게 하고 있다. 끝으로, 그들은 봉기의 지도를 목표로 삼고 있는가? 그렇다. 스트루베 씨처럼 그들은 봉기가 절박하게 필요한 것이라는 사실을 인정하려 들지는 않지만, 동시에 스트루베 씨와는 달리 '사회민주주의는 그것(곧 봉기)을 스스로의 영향력 및 **지도**하에 **종속시키고** 그것을 노동 계급에게 이익이 되도록 이용하기 위해 싸우고 있다'고 말한다.

정말이지, 얼마나 조리 있는 말인가? 우리는 프롤레타리아 및 **비프롤레타리아** 대중 양쪽의 봉기를 모두 우리의 영향력 및 지도력하에 종속시키고 그것을 우리에게 이익이 되도록 한다는 목표를 설정하고 있다. 그러므로 우리는 봉기 과정에서 프롤레타리아트와 ('비프롤레타리아 집단'인) 혁명적 부르주아지 및 프티부르주아지 양쪽을 모두 지도한다는 목표, 다시 말해 봉기의 지도권을 사회민주주의와 혁명적 부르주아지가 '공유'하도록 한다는 목표를 설정하고 있는 것이다. 우리는 ('인민봉기의 승리로부터 생겨날') 임시정부의 수립을 가져올 봉기에서 **승리**를 확보한다는 목표를 설정하고 있다. **그러므로**……그러므로 우리는 임시 혁명정부 안에서 권력을 장악하거나 공유한다는 목표를 설정해서는 안 된다는 것이다!

우리의 벗들은 자신들의 논의를 앞뒤가 잘 들어맞게 전개하지 못하고 있다. 그들은 봉기 문제를 회피하는 스트루베 씨의 관점과 이 절박한 과제를 수행하라고 우리에게 촉구하는 혁명적 사회민주주의의 관점 사이에서 오락가락하고 있다. 그들은, 원칙적으로 임시 혁명정부에 참여하는 것은 무조건 프롤레타리아트에 대한 변절이라고 비난하는 무정부주의와, 봉기에서 사

111

회민주주의가 주도적 영향력을 미칠 수 있을 경우에는 그러한 참여를 요구하는 마르크스주의 사이에서 오락가락하고 있다.[*] 그들에게는 어떠한 독자적 입장도 없다. 차리즘과 타협하기를 바라며 따라서 봉기 문제를 회피하고 호도하는 방법에 호소할 수밖에 없는 스트루베 씨의 입장도 아니며, '위로부터의' 어떤 행동도, 부르주아 혁명에 대한 어떤 참여도 비난하는 무정부주의자들의 입장 또한 아닌 것이다. 새 『이스크라』파는 차리즘과의 타협과 차리즘에 대한 승리를 혼동하고 있다. 그들은 부르주아 혁명에 참여하기를 바란다. 그들은 마르티노프의 『두 가지 독재』보다 약간 더 나아가 있다. 심지어 그들은 ― 승리를 쟁취한 직후에(또는, 어쩌면 승리 직전에) 지도권을 포기하기 위해, 다시 말해 **혁명의 열매를 차지하는 게 아니라** 오히려 이 모든 열매를 **부르주아지에게 고스란히 넘겨주기 위해** ― 인민봉기를 지도하는 데에 찬성하고 있다. 이것이 그들이 일컫는 '봉기를 노동계급에 이익이 되도록 이용하는……' 것이다. 이 혼란에 대해 더는 곰곰 되새길 필요가 없다. 차라리 이 혼란이 어떻게 해서 '철저한 혁명적 야당으로 남아 있다'라는 정식에서 **비롯되었는가**를 살피는 것이 더 유용할 것이다.

　이 정식은 혁명적인 국제 사회민주주의의 낯익은 명제 가운데 하나이다. 그것은 완벽하게 올바른 명제이다. 그것은 의회제 국가들에서 수정주의나 기회주의에 적대하는 모든 이에게는 진부한 말이다. 그것은 '의회주의 백치병'에 대한, 곧 밀랑

●　『프롤레타리』 제5호, 「임시 혁명정부론」, 제2항, 1905년을 볼 것.(*Collected Works* Vol. 8, pp. 474~481을 볼 것.[영문판 주])

주의, 베른슈타인주의, 투라티를 상표로 하는 이탈리아 개량주의에 대한 정당하고 필수적인 저지책으로서 일반적으로 인정받게 되었다. 우리의 선량한 새『이스크라』파 사람들은 이 뛰어난 명제를 가슴에 새기면서 열성적으로…… 아주 **시의적절치 않**게 그것을 적용하고 있다. 의회투쟁의 범주들은 어떠한 의회도 존재하지 않는 상황을 위해 쓴 결의안에 도입되어 있다. **봉기**에 관해 그 누구도 진지하게 말하지 않는 정치적 상황의 반영이자 표현인 '야당'이라는 개념은, 봉기가 **시작되었고** 혁명의 모든 지지자가 그 지도권에 관해 생각하며 말하고 있는 상황에 무의미하게 적용되고 있다. 옛 방식들, 다시 말해 오로지 '아래로부터' 비롯한 행동과 함께 '**남아 있겠다**'는 바람은 성공적 봉기에서 **위로부터** 나온 행동의 필수성을 혁명이 우리에게 요구한 **바로** 그 시기에 화려하고도 소란스럽게 표현되고 있는 것이다.

아니, 우리의 새『이스크라』파는 확실히 곤경에 빠져 있다! 그들이 올바른 사회민주주의적 명제를 정식화해냈을 때조차 그들은 어떻게 해야 그것을 올바로 적용할 수 있는지 모르고 있었다. 그들은 혁명이 진행 중이고 내전과 봉기의 폭발이 있지만 여전히 어떠한 의회도 없을 때 의회투쟁의 조건 및 개념이 변화를 겪으면서 그 조건 및 개념의 반대물로 바뀌고 있다는 사실을 이해하지 못했다. 그들은 지금 검토하고 있는 조건들에 대해, 가두시위를 통해 법안 수정이 이루어지고, 무장 시민들의 공격적 행동이 정부에 대한 질문을 대신하며, 정부를 무력으로 타도함으로써 정부에 대한 반대를 실행하고 있다는 사실을 깨닫지 못하고 있는 것이다.

113

우리의 민족 서사시에 나오는 이름난 영웅이 민족이 올바른 길에 있지 않을 때 훌륭한 충고를 되풀이한 것과 똑같이, 우리의 마르티노프 숭배자들은 그들 스스로 언급하듯 실질적 적대행위가 시작되었을 때 평화적 의회주의의 교훈을 되풀이하고 있다. '혁명의 결정적 승리'와 '인민봉기'에 관해 언급하면서 시작하는 결의안에서 이렇게 으스대며 '철저한 야당'이라는 슬로건을 내세우는 것보다 더 우스꽝스러운 짓은 없으리라! 신사 여러분, 봉기의 시기에 '철저한 야당'이 된다는 게 무슨 뜻인가를 한번 생각해보시라. 그것은 정부의 정체를 드러낸다는 뜻인가, 아니면 정부를 타도한다는 뜻인가? 그것은 정부에 반대투표를 한다는 뜻인가, 아니면 공개적 전투에서 정부군을 물리친다는 뜻인가? 그것은 정부의 재정을 보충시키기를 거부한다는 뜻인가, 아니면 노동자 및 농민을 무장시키고 제헌의회를 소집하는 등의 봉기 요구를 위해 그 재정을 혁명적으로 장악한다는 뜻인가? 여러분, '철저한 야당'이라는 말이 고작 정체를 폭로하고, 반대투표를 하고, 거부를 하는 따위의 소극적 행동만을 뜻한다는 사실이 이제 이해되기 시작하지 않는가? 그것은 왜 그럴까? 왜냐하면 철저한 야당이라는 말은 의회투쟁에만, 게다가 아무도 '결정적 승리'를 당면 투쟁목표로 삼고 있지 않은 시기에만 적용되기 때문이다. 정치적으로 핍박받던 인민이 모든 전선에서 승리를 위한 결사적 투쟁으로 단호하게 공격을 개시한 순간부터 이 점에 있어서는 상황이 급변하고 있다는 사실이 이해되기 시작하지 않는가?

노동자들은 이렇게 묻는다. 봉기라는 절박한 일이 강력하게 시작되었음에 틀림없는가? 시작된 봉기를 승리로 이끌려면 무엇을 해야 할 것인가? 승리를 어떻게 이용해야 할 것인가? 그러면 어떤 강령을 실행할 수 있으며 또 실행해야 하는가? 마르크스주의를 더욱더 심원하게 만들고 있는 새 『이스크라』파 사람들은 이렇게 대답한다. 우리는 철저한 혁명적 야당으로 남아 있어야 한다고……. 그렇다면 우리는 이 기사들을 속물근성의 대가라고 불러도 무방하지 않을까?

10   '혁명코뮌' 그리고 프롤레타리아트와 농민의 혁명적 민주주의 독재

새 『이스크라』파의 협의회는 자신들 스스로 언급했던 무정부주의적 입장('아래로부터인 동시에 위로부터'가 아니라 '오로지 아래로부터'의 행동)을 고수하지는 않았다. 봉기의 가능성은 인정하면서도 승리의 가능성과 임시 혁명정부 참여 가능성을 인정하지 않은 것은 너무나 터무니없는 짓이었다. 따라서 협의회의 결의안은 마르티노프, 마르토프식의 문제 해결에 대해 일정한 유보와 제한을 두고 있다. 결의안 중 다음 부분에서 언급되는 유보조항을 살펴보자.

> 물론 이러한 전술('철저한 혁명적 야당으로 남는 것')은 오로지 봉기 확산에 이바지하고 정부를 타도할 목적으로, 부분적이고 일시적으로 권력을 장악하는 방편과 어느 한 도시나 어느 한 지구에서 혁명코뮌을 수립하는 방편을 결코 배제하지는 않는다.

사정이 그러하다면, 이것은 아래로부터의 행동뿐만 아니라 위로부터의 행동 원칙도 인정함을 뜻한다. 이것은 곧 『이스크라』(제93호)에 실린 마르토프의 유명한 논설에서 제기된 명제가 거부되고, 『전진』의 전술, 곧 '아래로부터'뿐만 아니라 '위로부터'의 전술이 옳은 것으로 인정되었음을 뜻한다.

게다가 권력의 장악이란(설사 그것이 부분적이고 일시적인 따위의 것이라 할지라도) 사회민주주의자들만의 그리고 프롤레타리아트만의 참여를 전제로 하는 것은 물론 아니다. 이는 민주주의 혁명에 이해관계가 있고 그 혁명에 적극적으로 참여하는 게 단지 프롤레타리아트만이 아니라는 사실에서 비롯한다. 이것은 우리가 검토하고 있는 결의안의 첫머리에 언급되었듯이, '비프롤레타리아 집단들'(이 말은 봉기에 대한 협의회의 결의안에서 사용되고 있다) 곧 부르주아지 또한 참여하고 있는 이상, 봉기는 '인민적인' 것이라는 사실에서 비롯한다. 그러므로 사회주의자들이 프티부르주아지와 나란히 임시 혁명정부에 참여하는 것은 노동계급에 대한 배신이라는 원칙이 **협의회에 의해 내팽개쳐진 셈이다**. 이 점은 『전진』이 바라던 것이다. '배신'은 그것을 구성하는 행위가 부분적이고 일시적이며 지역적일지라도 어쨌든 배신임에는 틀림없다. 따라서 임시 혁명정부에 참여하는 것은 속류 조레스주의와 다를 바 없다는 생각이 **협의회에 의해 내팽개쳐진 셈이다**. 이 점 역시 『전진』이 바라던 것이다. 정부는 비록 그 권력이 여러 도시나 여러 지구에 미치지 못하고 단지 한 도시나 한 지구에서만 행사될지라도, 그리고 그 정부가 어떤 명칭을 지녔든 간에 어쨌든 정부임에는 틀림없다. 이리하여, 새 『이스크라』가 시도한 바와 같은 이 문제에 대한 이론적 제시는 협의회에 의해 거부되어버렸다.

지금은 원칙상 수용되고 있는 혁명정부의 구성 및 참여라

117

는 문제에 대해 협의회가 설정한 제한들이 합당한가 여부를 살펴보자. 우리는 '일시적'episodic이라는 말과 '임시적'provisional이라는 말의 차이를 알지 못하고 있다.• 우리는 '낯선' 외래어인 전자가 그저 명확한 사고의 결핍을 은폐하는 장막에 불과하지 않은가 의심한다. 그것은 '더 심원하게' 보이지만 실제로는 더 애매하고 혼란스러울 뿐이다. 한 도시 또는 한 지구에서 부분적으로 '권력을 장악하는' '방편'과 국가 전체의 임시 혁명정부에 참여하는 것 사이에 어떤 차이점이 있단 말인가? '도시들'이란 1월 9일의 사건이 발생했던 상트페테르부르크와 같은 도시들을 포함하는 것이 아닌가? 지구들이란 몇 개의 국가를 합친 것보다 큰 캅카스를 포함하는 것이 아닌가? 감옥, 경찰, 국고 등을 어떻게 처리해야 할 것이냐는 문제는 우리가 한 지구는 물론이거니와 한 도시에서라도 '권력을 장악하는' 순간부터 직면하게 되지 않겠는가? 우리에게 충분한 힘이 없더라도, 봉기가 완전히 성공적이지는 않더라도, 승리가 확실하지는 않더라도, 개개의 지구나 도시 등지에서 임시 혁명정부가 들어설 수 있다는 것은 물론 누구도 부정하지 않을 것이다. 하지만 신사님네들, 그 모든 것이 현재 우리가 문제로 삼는 것과 무슨 관계가 있겠는가? 당신네들 스스로가 결의안의 첫머리에서 '혁명의 결정적 승리'나 '성공적 인민봉기'에 대해 말하고 있지 않은가?? 프롤레타리아트의 관심과 목표를 분산시키고 일반적인 것, 단일한 것, 총체적인 것, 완벽한 것 대신에 '부분적인 것'으로 프롤레타리아트의 주의

•　첫 번째 단어는 당시에 학술적으로 사용된 반면에, 두 번째 단어는 그 당시는 물론 지금도 여전히 구어체 러시아어이다. [영문판 주]

를 돌리는 식의 무정부주의자들의 소행을 언제부터 사회민주주의자들이 떠맡아왔다는 말인가?

한 도시에서 '권력의 장악'을 전제하면서도 그대들은 다른 도시로(정말 그렇게 할 수 있을까?) 그리고 모든 도시로(제발 그렇게 되기를) '봉기를 확산시키는' 것에 대해 말하고 있다. 신사님네들, 그대들의 결론은 그대들의 전제만큼이나 황당하고 망측스러우며 모순되고 혼란스럽다. 러시아 사회민주노동당 제3차 대회는 임시 혁명정부 일반의 문제에 대해 철저하고 명쾌한 답을 준 바 있다. 이 답변은 또한 부분적 임시정부들의 모든 사례를 포괄하고 있다. 그러나 협의회의 답변은 문제의 일부를 인위적이고 독단적으로 고립시킴으로써 전반적 논점을 **회피**하고 있으며(그나마도 철저하지 못하게), 혼란을 불러일으킬 뿐이다.

'혁명코뮌'이란 무슨 뜻인가? 이 개념은 '임시 혁명정부'와는 다른 것인가? 다르다면 어떤 점에서 다른가? 협의회의 신사님네들은 이 점을 잘 모른다. 그들은 곧잘 그러하듯이 혁명사상의 혼란으로 인해 그저 **혁명적 미사여구**를 주절거릴 뿐이다. 참으로, 사회민주주의의 대표자들이 통과시킨 결의안에 '혁명코뮌'이란 말이 사용된 건 혁명적 미사여구를 주절댄 것일 뿐 다른 아무것도 아니다. 마르크스는 종종 이런 식의 주절거림을 비난했는데, 이는 해묵은 과거로부터 전해 내려온 일부 '주술적' 어구가 미래의 과제들을 은폐하는 데 쓰이기 때문이다. 이 경우 이미 역사에서 자기 역할을 다해버린 용어의 마력이란 대단히 무용하고 유해한 허세요, 말장난일 뿐이다. 우리는 왜 우리가 임시 혁명정부의 수립을 바라는지에 대해, 그리고 이미 시작된

119

인민봉기가 승리한 바로 그다음 날에 우리가 정부에 결정적 영향력을 미치려면 정확히 어떠한 변화를 일으켜야 하는가에 대해 노동자들과 전 인민에게 명쾌하고 확실한 생각을 심어주어야 한다. 정치지도자들이 감당해야 할 문제란 바로 이러한 것들이다.

러시아 사회민주노동당 제3차 대회는 이들 문제에 대해 매우 명쾌하게 답변했으며 이러한 변화들에 대한 완전한 강령, 곧 우리 당의 최소강령을 작성했다. 그러나 '코뮌'이란 단어는 아무런 답변도 주지 못한다. 그것은 단지 낭랑한 구절과 공허한 수사의 희미한 메아리로 인민의 마음을 어지럽힐 뿐이다. 예를 들어 우리가 1871년 파리코뮌의 기억을 소중히 여기면 여길수록, 코뮌의 과오와 그에 수반된 특수한 조건들을 분석하지 않고 멋대로 그것을 언급하는 건 더욱더 용납되지 않는다. 그렇게 하는 건 (1874년에 발표한 자신들의『선언』에서) 코뮌의 모든 행동에 무조건 경의를 표명한 블랑키주의자들 — 엥겔스의 비웃음을 샀던 — 의 어리석은 예[29]를 되풀이하는 데 지나지 않을 것이다. 만일 한 노동자가 협의회파의 일원에게 결의안에 언급된 바로 그 '혁명코뮌'에 대해 물어온다면 그는 무어라 대답할까? 그는 단지, 그것은 역사상 존재했던 노동자 정부의 명칭인데, 그 정부는 당시에 민주주의 혁명의 요소들과 사회주의 혁명의 요소들을 분간할 줄도 모르고 그렇게 하지도 못했다, 그리고 공화국을 위한 투쟁 과제를 사회주의를 위한 투쟁 과제와 혼동한 까닭에 베르사유 측[30]에 대해 강력한 군사적 공세를 취할 수도 없었고 프랑스 은행을 장악하지 않는 과오를 범했다는 식으로 답할 수밖에 없을 것이다. 요컨대 그대들이 파리코뮌에 대해 언급하건 또는 다른 코뮌에 대해 언급하건 간에 그대들의 답변은, 그것은 우리 **정부가 본받아서는 안 될** 정부였다는 식이 될 것이다. 이 얼마나 멋진 답변인가! 결의안이 당의 실천적 강령에 대해서는 한마디도 언급하지 않으면서 부적절하게도 역사로부터 얻은 교훈을 가르치려 한다는 건 혁명가 측의 현학적 교설과 무기력을 입증하는 것이 아니겠는가? 이는 지금까지 어쭙잖게도 우리에게 뒤집어씌워온 오류, 그 어떤 '코뮌들'도 구별해내지 못했던, 민주주의 혁명과 사회주의 혁명의 관계를 혼동하는 오류를 그대들 스스로 폭로하는 것이 아닌가?

봉기를 확산시키고 정부를 해체하는 것이 임시정부(부적절하게도 '코뮌'이라 칭해지고 있는)의 배타적 목적으로 제시되어 있다. 그 어의적 의미에서 '배타적'이라는 단어는 다른 모든 목적을 배제하는 것으로, '오직 아래로부터'라는 터무니없는 이론의 메아리에 지나지 않는다. 그렇게 다른 목적들을 배제해버리는 것은 시야가 좁고 성찰이 부족함을 나타내는 또 다른 사례이다. '혁명코뮌', 곧 혁명정부는 설사 그것이 단 하나의 도시에 수립될 경우라도 필연적으로 국가의 모든 업무를 관장해야 하는바(비록 임시적이고 '부분적이며 일시적'일지라도), 뻔한 사실을 인정하지 않는 건 아주 바보 같은 짓이다. 혁명정부는 8시간 노동일을 입법화하고, 노동자의 공장감독제를 확립하며, 보통교육을 무상으로 실시하고, 재판관 선거제도를 도입하며, 농민위원회를 설립하는 따위의 일을 해야 할 것이다. 한마디로 말해 혁명정부는 분명히 많은 개혁을 수행해야 할 것이다. 이러한 개

121

혁들을 '봉기의 확산에 이바지하는' 것 정도로 지칭한다는 건 말장난에 지나지 않으며, 절대적 명료성을 요구하는 문제를 교묘하게 더욱 혼란시키는 데 다름없는 것이다.

———

새 『이스크라』 협의회 결의안의 결론 부분은 우리 당내에서 되살아나고 있는 기본적인 경제주의적 경향들을 비판하는 데 새로운 자료는 전혀 제공하지 못하면서, 앞에서 언급한 것을 다소간 다른 각도에서 예증하고 있을 뿐이다. 결론 부분을 살펴보자.

> 오직 한 가지 경우에만 사회민주주의는 자신들의 주도로 권력을 장악하여 가능한 한 그것을 오래 유지하는 노력을 기울여야 한다 — 곧 사회주의 성취 조건들이 이미 어느 정도[?] 성숙한 서유럽의 선진국들로 혁명이 확산될 경우에만. 이 경우에 그간 제한되었던 러시아 혁명의 역사적 시야는 상당히 넓어질 수 있으며 사회주의적 개혁의 도상에 들어설 가능성이 생겨날 것이다.
> 혁명의 전 기간 동안 사회민주노동당은 혁명 과정에서 잇달아 나타날 모든 정부에 대해 철저한 혁명적 야당의 입장을 고수할 것이라는 전망을 그 전술의 토대로 삼음으로써, 사회민주주의는 만일 정부권력이 수중에 떨어질[??] 경우 그 권력을 활용할 수 있도록 가

장 잘 대비할 수 있을 것이다.

여기에 나타난 기본 관념은 『전진』에서 이미 여러 차례 정식화된 것이다. 『전진』에서는 우리가(마르티노프와 달리) 민주주의 혁명에서 사회민주주의의 완벽한 승리, 곧 프롤레타리아트와 농민의 혁명적 민주주의 독재를 두려워해서는 안 된다고 말한 바 있다. 그러한 승리에 의해 우리는 유럽을 궐기시킬 수 있으며, 그럴 경우 부르주아지의 멍에에서 풀려난 유럽의 사회주의적 프롤레타리아트가 거꾸로 우리의 사회주의 혁명 수행을 도와줄 수 있기 때문이었다. 그러면 다음에서 새 『이스크라』가 이 생각을 어떻게 훼손하고 있는지를 살펴보자. 우리는 세세한 사실들 — 권력장악을 유해한 전술로 간주하는 계급의식적 정당의 수중에 권력이 '떨어질' 것이라는 터무니없는 가정, 유럽의 사회주의 조건은 어느 정도 성숙한 것이 아니라 전면적으로 성숙했다는 사실, 그리고 우리 당의 강령은 사회주의적 개혁이 아니라 사회주의 혁명에만 관심을 가지고 있다는 사실 따위 — 는 자세하게 다루지 않을 것이다. 여기서는 『전진』의 생각과 결의안에 나타난 생각 사이의 중요한 기본적 차이점에 대해 언급해보자. 『전진』은 러시아의 혁명적 프롤레타리아트에게 하나의 적극적인 과제, 곧 민주주의를 위한 전투에서 승리하고 이 승리를 이용해 유럽에 혁명을 가져와야 한다는 과제를 부여하고 있다. 반면 결의안은 우리의 '결정적 승리'(새 『이스크라』에서 사용된 의미가 아닌)와 유럽 혁명 사이의 이러한 연계를 파악하지 못하고 있으며, 따라서 프롤레타리아트의 과제나 **유럽 혁명** 승

123

리의 전망에 대해서가 아니라 '혁명이 확산될 경우에……'라는 식의 일반적 가능성들 중 하나를 언급할 뿐이다. 『전진』은 주어진 사회발전단계에서 즉각적으로 성취되어야 할 것은 무엇이며 사회주의를 위한 투쟁의 민주주의적 선결요건으로서 우선 성취되어야 할 것은 무엇인가를 염두에 두면서, 프롤레타리아트의 이익을 위해 '정부권력'을 어떻게 '활용'할 수 있으며 또 '활용해야만' 하는지를 적확하고 명쾌하게 지적했다. 그리고 이것은 러시아 사회민주노동당 제3차 대회의 결의안에서 구체화되었다. 그러나 결의안이 정부권력을 '활용할 수 있도록 대비할 수 있을 것이며'라고 언급하면서도, 그것을 **어떻게** 활용할 수 있고 **어떻게** 대비할 것이며 **어떤 목적**에 활용할 것인지에 대해서는 언급하지 않은 것을 보면, 여기에서도 역시 결의안은 가망없을 정도로 뒤떨어져 있다. 예컨대, 새 『이스크라』파가 당내에서의 자신들의 지도적 위치를 '활용할 수 있도록 대비할 수 있다'는 점에서 의심할 나위가 없다. 그러나 문제는 이러한 활용에 대한 지금까지의 그들의 경험과 그들의 대비로 미루어보아 그러한 가능성이 현실화되기를 기대하기 힘들다는 점에 있다.

『전진』은 '권력을 유지할' 진정한 '가능성'이 어디에 있는지에 대해 아주 분명하게 진술했다. 곧 그 가능성은 프롤레타리아트와 농민의 혁명적 민주주의 독재에, **민주주의적** 개혁에 대한 그들의 이해관계의 필연적인 일치에 있는 것이다. 이 점에 대해서도 협의회의 결의안은 우리에게 어떠한 긍정적인 측면도 보여주지 못하며 단지 논점을 회피할 뿐이다. 분명한 것은 러시아에서 권력을 유지할 가능성은 러시아 자체 내의 사회세력들

124

의 구성, 곧 지금 우리나라에서 일어나고 있는 민주주의 혁명의 상황에 의해 결정되어야 한다는 사실이다. 유럽에서의 프롤레타리아트의 승리(유럽에서 혁명이 발생한다는 것과 프롤레타리아트가 승리한다는 것 사이에는 아직도 엄청난 차이가 있다)는 러시아 부르주아지 측에서의 필사적인 반혁명투쟁을 불러일으킬 것이다. 그러나 새 『이스크라』파의 결의안은 러시아 사회민주노동당 제3차 대회의 결의안에서 그 중요성이 평가되었던, 이러한 반혁명 세력에 대해 한마디도 언급하고 있지 않다. 만일 우리가 공화국과 민주주의를 위한 우리의 투쟁에서 프롤레타리아트뿐만 아니라 농민에게도 의존할 수 없다면, 우리가 '권력을 유지할' 전망은 절망적일 것이다. 그러나 만약 그것이 절망적이지 않다면, '차리즘에 대한 혁명의 결정적 승리'가 그러한 가능성을 열어주는 것이라면, 우리는 그러한 가능성이 현실화되도록 적극적으로 요청해야 하며, 유럽에서 혁명이 발발할 개**연성**을 위해서, 그리고 그곳에서 혁명을 이룩할 **목적**으로 실천적 슬로건을 제시해야 한다. 꽁무니주의적인 사회민주주의자들이 '러시아 혁명의 제한된 역사적 시야' 운운하는 것은 이 민주주의 혁명의 목표 및 그에 따른 프롤레타리아트의 선도적 역할에 대한 그들의 제한된 이해를 감추는 데 이바지할 따름이다!

'프롤레타리아트와 농민의 혁명적 민주주의 독재'라는 슬로건에 대해 제기된 반론 중의 하나는 독재란 '단일한 의지'(『이스크라』 제95호)를 전제로 하는 것인바, 프롤레타리아트와 프티부르주아지의 단일한 의지는 있을 수 없다는 것이다. 이러한 반론은 '단일한 의지'라는 용어에 대한 추상적이고 '형이상학적인' 해석에 토대를 두고 있기 때문에 적절하지 못하다. 단일한 의지란 어떤 측면에서는 있을 수 있으나 어떤 측면에서는 있을 수 없다. 사회주의 문제들에 대해 그리고 사회주의를 위한 투쟁에서 일치점이 없다고 해서, 민주주의의 문제들에 대해 그리고 공화국을 위한 투쟁에서 의지의 단일성을 배제할 수 있는 것은 아니다. 이러한 사실을 잊는다는 것은 민주주의 혁명과 사회주의 혁명 사이의 논리적이고 역사적인 차이점을 잊는 것과 마찬가지이다. 이러한 사실을 잊는다는 것은 **전 인민적인 것**으로서의 민주주의 혁명의 성격을 잊는 것과 마찬가지이다. 만일 혁명이 '전 인민적인 것'이라면, 그것은 그 혁명이 전 인민의 필요와 요구를 충족시키는 한, '의지의 단일성'이 **존재함**을 의미한다. 민주주의의 틀을 넘어설 경우에는 프롤레타리아트와 농민 부르주아지peasant bourgeosie가 단일한 의지를 갖는다는 것은 있을 수 없는 일이다. 그들 사이에는 계급투쟁이 불가피하다. 그러나 이러한 투쟁이 **사회주의를 위한**, 인민의 가장 광범위하고 철저한 투쟁이 될 수 있는 것은 바로 민주주의 공화국의 틀 안에서이다. 세상사가 모두 그렇듯이 프롤레타리아트와 농민의 혁명적 민주주의 독재도 과거와 미래를 갖는다. 그것의 과거는 전제정, 농노제, 왕정, 특권이다. 이러한 과거에 대한 투쟁에서 그리고 반혁명에 대한 투쟁에서, 프롤레타리아트와 농민은 이해관계가 일치하기 때문에 그들 사이에는 '단일한 의지'가 존재할 수 있다.

그것의 미래는 사유재산에 대한 투쟁, 고용주에 맞선 임금노동자의 투쟁, 사회주의를 위한 투쟁이다. 여기에서는 의지의 단일성이란 불가능하다.• 여기에서 우리 앞에 놓인 길은 전제정에서 공화국으로 가는 길이 아니라 프티부르주아적 민주주의 공화국에서 사회주의로 가는 길인 것이다.

물론, 실제 역사상황에서는 과거 요소들이 미래의 요소들과 서로 뒤엉키게 된다. 곧 두 개의 길이 서로 교차한다. 사유재산에 맞서 투쟁하는 임금노동은 전제정 아래에서도 존재하며 심지어 농노제 아래에서도 생겨난다. 그러나 그로 인해 우리가 주요 발전단계들을 논리적으로 그리고 역사적으로 구분짓지 못하는 것은 결코 아니다. 우리 모두는 부르주아 혁명과 사회주의 혁명을 대비시키고 양자를 엄격히 구별해야 할 절대적 필요성을 주장한다. 그러나 역사 과정 속에서 두 가지 혁명의 개별적이고 **특수한** 요소들이 서로 뒤엉키게 된다는 것을 부정할 수 있겠는가? 유럽에서는 민주주의 혁명의 시기에 사회주의를 수립하려는 수많은 사회주의 운동 및 기도가 있지 않았는가? 그리고 유럽에서 장래의 사회주의 혁명은 민주주의의 장 내에서 미처 이루지 못한 많은 것을 완수해야 하지 않겠는가?

사회민주주의자는 프롤레타리아트가 가장 민주주의적이고 공화주의적인 부르주아지 및 프티부르주아지와 맞설 때조차 필연적으로 사회주의를 위한 계급투쟁을 전개할 것이라는 사실을 잠시도 잊어서는 안 된다. 이것은 의심할 나위가 없다. 여기에서 독자적이고 독립적이며 철저히 계급적인 사회민주당에 대한 절대적 필요성이 대두된다. 여기에서 부르주아지와 '연

- 자유의 조건 속에서 더욱 광범위해지고 급속해지는 자본주의의 발전은 필연적으로 즉시 의지의 단일성을 끝장내버릴 것인데, 이러한 사태는 반혁명과 반동이 일찍 분쇄되면 될수록 더 빨리 일어날 것이다.

10 '혁명코뮌' 그리고 프롤레타리아트와 농민의 혁명적 민주주의 독재

대하여 타격을 가하라'는 우리 전술의 잠정적 성격과 '적군에 대해서와 마찬가지로 우리의 동맹군에 대해서도' 엄밀히 주시하라는 임무 등이 대두된다. 이 모든 것 역시 의심할 나위가 없다. 그러나 이로부터 우리가, 비록 일시적이고 잠정적이라 할지라도 현 시점에서 절대적으로 필요한 과제들을 망각하고 무시하거나 부인해야만 한다고 추론해내는 것은 우스꽝스럽고 반동적인 짓일 것이다. 전제정에 맞선 투쟁은 사회주의자들에게는 일시적이고 잠정적인 과제이다. 그러나 어떤 식으로든 이 과제를 무시하거나 부인한다는 것은 사회주의를 배신하고 반동에 봉사하는 것이나 다름없다. 프롤레타리아트와 농민의 혁명적 민주주의 독재는, 물론 사회주의의 일시적이며 잠정적인 목표에 지나지 않는다. 그러나 민주주의 혁명의 시기에 이 목표를 무시하는 것은 완전히 반동적인 짓일 것이다.

구체적인 정치적 목표들은 구체적인 상황 속에서 설정되어야 한다. 모든 사물은 상대적이며 끊임없이 유동하고 변화한다. 독일 사회민주주의 강령에는 공화국에 대한 요구가 포함되어 있지 않다. 독일은 실질적으로 이 문제가 사회주의라는 문제와 거의 분리되지 않는 상황이었다.(비록 엥겔스가 1891년의 에르푸르트 강령[31] 초안에 붙인 주석에서 공화국과 공화국을 위한 투쟁의 의의가 독일에서는 과소평가되고 있다고 경고했지만 말이다!) 러시아 사회민주주의에서는 공화국에 대한 요구를 그 강령이나 선동으로부터 제거하는 문제는 제기된 일조차 없는데, 이는 우리나라의 경우 공화국 문제와 사회주의 문제 사이의 불가분적 연계에 대해 아무도 왈가왈부할 수 없기 때문이다. 1898년의 독일 사회민주주의자가 공화국 문제를 특별히 강조하지 않은 것은 아주 자연스러운 일이지 조금도 당혹감을 주거나 비난의 대상이 될 수 없다. 그러나 1848년에 독일 사회민주주의자가 공화국 문제를 뒷전에 밀쳐놓았다면, 그것은 혁명에 대한 명백한 배신행위였을 것이다. 추상적 진리란 있을 수 없다. 진리는 항상 구체적이다.

러시아 전제정에 맞선 투쟁이 종식되고 러시아에서 민주주의 혁명의 시기가 막을 내릴 날이 올 것이다. 그때에는 프롤레타리아트와 농민의 '의지의 단일성'이나 민주주의 독재 따위에 대해 말한다는 것조차 우스꽝스러울 것이다. 그때가 되면 우리는 프롤레타리아트의 사회주의 독재라는 문제를 직접 다룰 것이며 그것을 더 자세히 언급할 것이다. 현 시점에서는 선진적 계급의 당은 차리즘에 대한 민주주의 혁명의 결정적 승리를 위해 가장 정력적으로 투쟁하지 않을 수 없다. 그리고 결정적 승리란 프롤레타리아트와 농민의 혁명적 민주주의 독재 외에 달리 아무것도 아니다.

129

우리는 『이스크라』와 『전진』 사이의 논전에서 『이스크라』가 주로 엥겔스가 투라티에게 보낸 서한[32]을 거론하고 있다는 사실을 독자들에게 상기시키고자 한다. 이 서한에서 엥겔스는 이탈리아 개량주의의 (미래) 지도자에게 민주주의 혁명과 사회주의 혁명을 혼동하지 말라고 경고했다. 엥겔스는 1894년 이탈리아의 정치상황을 논평하면서, 이탈리아의 임박한 혁명은 프티부르주아적 민주주의 혁명일 뿐이며 사회주의 혁명이 아니라고 했다. 『이스크라』는 『전진』이 엥겔스가 규정한 원칙에서 이탈했다고 비난했다. 이러한 비난은 정당하지 않다. 왜냐하면 전체적으로 보아 『전진』(제14호)은 19세기 혁명들에서 등장한 3대 주요 세력 사이의 차이점에 대한 마르크스 이론의 타당성을 완전히 인정하고 있기 때문이다.* 이 이론에 따르면 다음의 세력들이 구질서에 맞서 그리고 전제정, 봉건제, 농노보유제에 맞서 저항하고 있다. 곧 (1)자유주의적 대부르주아지, (2)급진적 프티부르주아지, (3)프롤레타리아트가 바로 이들이다.

  첫 번째 세력은 단지 입헌왕정을 위해 싸운다. 두 번째 세력은 민주주의 공화국을 위해, 그리고 세 번째 세력은 사회주의 혁명을 위해 싸운다. 완벽한 민주주의 혁명을 위한 프티부르주아지의 투쟁과 사회주의 혁명을 위한 프롤레타리아트의 투쟁을 혼동하는 것은 사회주의자에게는 정치적 파산선고와 마찬

---

*   *Collected Works* Vol. 8, pp. 275~292를 볼 것. [영문판 주]

가지이다. 이러한 취지에서 볼 때 마르크스의 경고는 아주 정당하다. 그러나 '혁명코뮌'이라는 슬로건이 잘못됐다는 것은 바로 이러한 이유에서이다. 왜냐하면 역사에 나타난 여러 코뮌이 저지른 과오는 바로 민주주의 혁명을 사회주의 혁명과 혼동했다는 점에 있기 때문이다. 반면에 프롤레타리아트와 농민의 혁명적 민주주의 독재라는 우리의 슬로건은 이러한 오류로부터 완전히 우리를 보호해준다. 우리의 슬로건은 단순한 민주주의 혁명의 틀을 **직접** 넘어설 수 없는, 혁명의 분명한 부르주아적 성격을 인정하면서도 바로 이 혁명을 **진척시켜** 프롤레타리아트에게 가장 유리한 형태를 그 혁명에 부여하려는 것이다. 결국 우리의 슬로건은 사회주의를 위한 그다음 투쟁에서 프롤레타리아트가 최대의 성공을 거둘 수 있도록 하기 위해 민주주의 혁명을 최대한 이용하려는 것이다.

131

11 러시아 사회민주노동당 제3차 대회의 몇몇 결의안과 '협의회' 결의안에 대한 개략적 비교

임시 혁명정부의 문제는 현 시점에서 러시아 사회민주주의 운동의 가장 중요한 전술 문제이다. 협의회의 다른 결의안들을 자세히 언급하는 것은 가능한 일도 필요한 일도 아니다. 우리는 다만 러시아 사회민주노동당 제3차 대회의 결의안들에 나타난 전술 경향과 협의회의 결의안들에 나타난 전술 경향 사이의, 위에서 분석한 바 있는, 원칙상의 차이점을 확인시키는 몇 가지 사항만을 간략하게 언급할 것이다.

혁명 전야에 정부 측이 취할 수 있는 전술에 대한 태도의 문제를 살펴보자. 여러분은 다시 한 번 러시아 사회민주노동당 제3차 대회의 결의안에서 이 문제에 대한 포괄적인 답변을 찾을 수 있을 것이다. 이 결의안은 특정 국면의 다각적 조건과 과제 모두를 고려하고 있다. 즉 이 결의안은 정부의 양보가 가지는 기만성의 폭로, '허구적인 인민대표제'의 활용, 노동계급의 절박한 요구(특히 8시간 노동일)의 혁명적 실현 그리고 마지막으로 검은100명대에 대한 대항을 담고 있다. 협의회의 결의안들에서는 이 문제가 몇 군데에서 단편적으로 다루어지고 있다. 곧 '사악한 반동세력들에 대한 대항'은 단지 여타 정당들에 대한 태도를 표명하는 결의안의 전문前文에서만 언급되고 있다. 대의기구 선거에 대한 참여는 부르주아지와 차리즘의 '타협'과는 별도로 고려되고 있다.「경제투쟁에 관하여」라는 자신만만한 제목의 한 특별 결의안은 혁명적 수단에 의한 8시간 노동일의 쟁취를 요구하기는커녕, ('러시아의 공공생활에서 노동 문제가 차지하는 핵심적 위치'에 대한 요란하고 어리석기 짝이 없는 구절에 뒤이어) '8시간 노동일의 입법화' 운동이라는 낡은 슬로건을 되뇌고 있을 따름이다. 현 시점에서 이러한 슬로건이 부적절하고 때늦었다는 것은 증거가 필요없을 정도로 아주 명백하다.

공개적 정치행동의 문제를 살펴보자. 제3차 대회는 우리 활동에서 임박한 **근본적** 변화를 고려하고 있다. 비밀활동과 지하조직의 발전은 어떤 이유에서든 포기되어서는 안 된다. 그렇게 되면 경찰의 손아귀에 놀아나거나 정부에 막대한 이익을 줄 뿐이다. 그러나 이와 동시에 우리는 공개행동도 염두에 두어야만 한다. 이러한 행동에 합당한 형식과 그에 따른 특별기구들 ― 덜 은폐적인 ― 이 이러한 목적을 위해 즉시 **마련되어야** 한다. 합법, 반¥합법의 단체들은 그것들을 가능한 한 앞으로 러시아에서 공개적인 사회민주노동당의 기반으로 전환시킬 목적하에 활용해야 한다.

이 문제에서도 협의회는 논점을 산만하게 할 뿐 어떠한 완전한 슬로건도 내놓지 못한다. 눈에 띄는 것은 조직위원회로 하여금 합법적으로 활동하고 있는 정치평론가들을 '배치'할 것을 고려해보도록 하라는 식의 우스꽝스러운 지시이다. 그다음에는 '노동계급운동에 대한 지원을 자기 목표로 설정하고 있는 민주주의 신문들을 우리의 영향권 안에 두라' 하는 식의 아주 엉

133

11 러시아 사회민주노동당 제3차 대회의 몇몇 결의안과
'협의회' 결의안에 대한 개략적 비교

뚱한 결정이 뒤따른다. 그런 정도의 목표라면 우리의 합법적 자유주의 신문들도 모두 공인한 바로서, 이들 신문은 거의 모두가『해방』의 경향을 따르고 있다. 어째서『이스크라』의 편집진은 몸소 자신들의 권고를 실행하는 데 착수하지도 않으며,『해방』을 사회민주주의의 영향권 안에 두도록 할 본보기를 우리에게 보여주지도 않는가? 우리가 받은 것은 당은 기반을 확립하기 위해서 기존의 합법단체들을 활용하라는 슬로건이 아니라 다음과 같은 두 가지 충고이다. 첫 번째는 오직 '직능별' 노동조합(당원은 누구나 노동조합에서 활동해야 한다)에 관한 특별한 충고이며, 두 번째는 '노동자들의 혁명조직'='비공식적으로 구성된 조직'='혁명적 노동자 클럽들'을 지도하라는 충고이다. 그러나 이 '클럽들'이 어떻게 비공식적으로 구성된 조직으로 분류될 수 있는지 그리고 이 '클럽들'이 실제로 무엇인지에 대해서는 아무도 알지 못한다. 우리가 받은 것은 당의 최고기구로부터 하달되는 명확하고 뚜렷한 지시가 아니라 아무렇게나 짜맞춘 단편적 생각들이나 글쟁이들이 쓴 몇 가지 거친 초안들뿐이다. 당이 전체 작업상의 아주 새로운 기반으로 어떻게 옮아가야 하는가에 대해서는 어떠한 완전한 청사진도 없다.

　'농민 문제'에 대해 당 대회와 협의회는 완전히 다른 식으로 문제를 다루고 있다. 당 대회가 '농민운동에 대한 태도'에 관한 결의안을 작성한 반면 협의회는 '농민들 사이에서의 작업'에 관한 결의안을 작성했다. 전자의 경우, 차리즘에 맞선 투쟁 이전에 국민에게 이익이 되도록 전체 혁명적 민주주의 운동을 지도하는 과제에 우선권이 놓여 있다. 후자의 경우, 문제는 사회

특정 부문 간의 단순한 '작업'으로 귀결된다. 전자의 경우, 우리의 선동을 위한 중심적인 실천적 슬로건은 모든 민주주의적 변혁을 수행하기 위해 혁명적 농민위원회들을 즉시 조직할 것을 요구하는 데까지 나아간다. 후자의 경우, '위원회들의 조직에 대한 요구'는 제헌의회에 제출하도록 되어 있다. 왜 우리는 이 제헌의회를 기다려야 하는가? 그것이 정말로 제헌의회일 수 있겠는가? 혁명적 농민위원회들을 미리 그리고 동시에 설치하지 않고 제헌의회가 온전할 수 있겠는가? 협의회는 이 모든 문제를 간과하고 있다. 협의회의 결정들은 우리가 줄곧 추적해온 일반적 생각, 곧 부르주아 혁명에서 우리는 우리 자신의 특별한 작업만을 해야 하며 전체 민주주의 운동을 지도하거나 그것을 독자적으로 이끈다는 목표를 추구해서는 안 된다는 생각을 반영하고 있다. 정치투쟁은 자유주의자들의 몫이고 경제투쟁은 사회민주주의자들의 몫이라는 식의 오류에 경제주의자들이 항상 빠져드는 것과 바로 마찬가지로, 새『이스크라』의 지지자들은 자신들의 모든 추론에서, 부르주아지가 혁명을 수행하는 적극적 작업을 행하는 동안 우리는 부르주아 혁명의 길목에서 벗어난 한쪽 모퉁이에 얌전히 앉아 있어야 한다는 식의 생각에 줄곧 빠져 있다.

　마지막으로, 다른 정당들에 대한 태도에 관한 결의안도 살펴보아야 한다. 러시아 사회민주노동당 제3차 대회의 결의안은 부르주아 해방운동의 모든 한계와 부적절성을 폭로할 것을 논하고 있다. 하지만 그것은 그러한 한계에 대해 가능한 모든 사례를 대회 때마다 나열하거나 악한 부르주아와 선량한 부르주

135

아의 구분선을 확정지으려는 식의 유치한 생각에 빠지지 않는다. 반면에 협의회는 스타로베르가 범한 오류를 답습하면서 줄곧 그러한 구분선을 그으려 했으며 유명한 '리트머스 종이' 이론을 발전시켰다. 스타로베르는 있을 수 있는 가장 가혹한 조건을 부르주아지에게 제시한다는 썩 그럴듯한 생각으로부터 논의를 전개해나갔다. 그러나 그가 잊고 있었던 것은, 인정과 호응 등을 얻을 가치가 있는 부르주아 민주주의자들을 그렇지 못한 부르주아 민주주의자들로부터 사전에 구별지음으로써 하나의 '정식'을 얻을 수 있을지는 모르나 이 정식이 구체적 현실에 적용되는 즉시 산산조각 나고 프롤레타리아트의 계급의식에 혼란을 초래하게 된다는 사실이다. 스타로베르는 투쟁에서의 진정한 통일을 중시하는 것이 아니라 선언, 약속, 슬로건 등을 강조하는 것이다. 스타로베르는 '보통 및 평등 선거권, 직접선거, 비밀투표'가 바로 이러한 근본적 슬로건이라고 생각했다. 겨우 2년이 지나자마자 '리트머스 종이'의 무용성이 입증되었으며, 보통선거권이라는 슬로건은 『해방』파가 인수해버렸다. 그런데 『해방』파는 그만큼 사회민주주의에 더 가까이 오지 않았을 뿐만 아니라, 바로 이 슬로건을 가지고 노동자들을 오도하거나 그들을 사회주의에서 벗어나게 만들었다.

이제 새 『이스크라』파는 더욱 '가혹한 조건들'을 제시하고 있다. 그들은 '조직화된 프롤레타리아트의 모든 단호한 행동을 정력적이고 확고하게[!?] 지지해줄 것' 등등을, 심지어는 '인민의 자체 무장에 적극적으로 참여할 것'까지를 차리즘의 적들•에게 '요구'하고 있다. 구분선이 더욱 엄격하게 그어진 것이다. 그럼에도 불구하고 이 구분선은 **이미 또다시 쓸모없어졌으며** 즉시로 그 무용성을 드러내고 있다. 예를 들어 거기에는 왜 공화국을 위한 슬로건이 하나도 없는가? '사회적 신분 체제와 왕정의 모든 기반에 맞선 냉혹한 혁명 전쟁'을 도모한다는 사회민주주의자들이 어찌하여 부르주아 민주주의자들에게 공화국을 위한 투쟁이 아닌, 당신네들이 좋아하는 그 어떤 것을 '요구'한단 말인가?

이러한 문제가 단순한 트집이 아니라는 것, 그리고 새『이스크라』파의 오류가 매우 중요한 정치적 의의를 갖는다는 것은 러시아 해방연맹에 의해 입증된다.(『프롤레타리』제4호••를 보라)

이들 '차리즘의 적들'은 새『이스크라』지지자들의 모든 요구를 완전히 충족시킬 것이다. 우리는 이미 이 '러시아 해방연맹'의 강령(혹은 강령의 부재)에는『해방』의 정신이 깃들어 있으며『해방』파가 이 해방연맹을 쉽사리 지배할 수 있다는 것을 보여주었다. 그러나 협의회는 결의안의 결론 부분에서 '자유주의와 민주주의의 깃발을 휘날리면서도 프롤레타리아트의 혁명투쟁에 진정한 지지를 보내지 않는 정당들이 있다면, 사회민주주

•   부르주아지를 가리킨다. [옮긴이 주]
•• 1905년 6월 4일자『프롤레타리』제4호에는「새로운 혁명적 노동자」라는 장문의 논설이 실려 있다.(*Collected Works* Vol. 8, pp. 499~510을 보라 ― 영문판 주) 이 논설은 이 연맹이 제기한 호소의 내용을 담고 있는데, 이 연맹은 스스로를 '러시아 해방연맹'이라고 불렀으며, 봉기의 도움을 받아 제헌의회를 개최할 목표를 가지고 있었다. 나아가 이 논설은 그와 같은 비당적 연맹들에 대한 사회민주주의자들의 태도를 규정하고 있다. 이 연맹이 실제로 어느 정도 규모로 존재했으며 혁명이 발발했을 때 이 연맹의 운명이 어떠했는가는 우리에게 전혀 알려져 있지 않다. [1907년판의 레닌 주]

137

11 러시아 사회민주노동당 제3차 대회의 몇몇 결의안과
    '협의회' 결의안에 대한 개략적 비교

의는 이 모든 정당을 **인민의 위선적인 벗**이라고 계속 비난할 것'임을 선언하고 있다. 러시아 해방연맹은 이러한 지지를 철회하지 않았을 뿐만 아니라 아주 고집스럽게 지지를 보내주었다. 그렇다고 해서 이것이 이 연맹의 지도자들이 설사 '해방연맹파'일지라도 '인민의 위선적인 벗'은 아니라는 증거가 될 수 있는가?

여러분은 보고 있다. 사전에 '조건'을 고안해내고 아무런 구속력도 없는 익살맞은 '요구'를 제시함으로써, 새 『이스크라』파는 자신들 스스로를 우스꽝스러운 위치에 몰아넣었다는 것을. 그들이 제시한 조건과 요구는 살아 있는 현실에 부딪치는 즉시 부적절함이 드러난다. 어떠한 정식도 부르주아 민주주의자들이 보여주는 위선, 비일관성, 편협성의 다양한 표현 모두를 포괄할 수 없기 때문에, 그들이 정식을 찾아나선다는 것은 가망없는 일이다. 중요한 것은 '리트머스 종이', 정식들, 문서화되고 인쇄된 요구들이 아니며, '인민의 벗' 중 위선적인 자와 진실한 자 사이의 구분선을 사전에 긋는 문제도 아니다. 중요한 것은 부르주아 민주주의가 취한 모든 '불확실한' 조치를 줄기차게 비판하고 있는 사회민주주의자들이 투쟁에서 진정한 연대를 이루어야 한다는 사실이다. '민주주의적 변혁에 관심이 있는 모든 사회세력의 진정한 연합'을 위해 필요한 것은 협의회가 그토록 열심히 그리고 그토록 헛되이 마련한 '사항들'이 아니라 진실로 혁명적인 슬로건을 제기할 수 있는 능력이다. 왜냐하면 지금 요구되는 것은 혁명적이며 공화주의적인 부르주아지를 프롤레타리아트의 수준까지 끌어올릴, 그리고 프롤레타리아트의 목표를 왕정주의적 부르주아지의 수준으로 끌어내리지 않을 슬로건들이기 때문이다. 이를 위해 요구되는 것은 봉기라는 절박한 과제를 교묘하게 회피하는 것이 아니라 봉기에 가장 정력적으로 참여하는 것이다.

11 러시아 사회민주노동당 제3차 대회의 몇몇 결의안과 '협의회' 결의안에 대한 개략적 비교

12 부르주아지가 민주주의 혁명에서 물러선다면 민주주의 혁명의 기세는 꺾일 것인가?

위의 어구는 새『이스크라』파의 캅카스 협의회가 채택하고『이스크라』가 출판한 결의안들의 사본이 입수되었을 당시에 이미 쓰여 있었다. 우리가 아무리 애쓸지라도 이보다 더 **먹음직스러운** pour la bonne bouche 요리는 찾지 못할 것이다.

『이스크라』편집진의 다음과 같은 언급은 아주 정당하다. "기본적인 전술 문제에 관하여 캅카스 협의회 역시 전 러시아 협의회(곧 새『이스크라』파의)가 채택한 것과 **유사한**(물론!) 결정에 도달했다." "임시 혁명정부에 대한 사회민주주의의 태도 문제는『전진』파 및 이에 가담한 소위 당 대회의 대표자들이 옹호하고 있는 새로운 방법에 대한 아주 명백한 거부 분위기 속에서 캅카스 동지들에 의해 결정되었다." "협의회가 제시한 바와 같은, 부르주아 혁명에서의 프롤레타리아트 당 전술에 대한 정식화는 아주 **적절하다고** 인정해야 한다."

진실한 것은 진실하다. 그 누구도 새『이스크라』파의 근본적 오류를 그 자신들보다 더 '적절하게' 정식화할 수는 없었을 것이다. 우리는 먼저 꽃들을 괄호를 붙여 언급하고 나서 끝에서 열매를 언급하는 방식으로 이 정식화 과정 전체를 인용할 것이다.

다음은 새『이스크라』지지자들의 캅카스 협의회가 채택한

140

임시정부에 관한 결의안이다.

우리는 프롤레타리아트의 사회민주주의 의식을 심원하게〔아무렴! 그들은 '마르티노프식으로'라고 덧붙였어야 했다!〕 만들기 위해〔공화국을 쟁취하기 위해서가 아니고 그저 의식을 더 심원하게 만들기 위해서라고? 이 얼마나 혁명에 대한 '심원한' 이해인가!〕, 그리고 당이 신생 부르주아 국가 체제를 비판할 완벽한 자유를 확보하도록 하기 위해〔공화국 확보가 우리의 사업이 아니라니! 우리의 사업은 그저 비판의 자유를 확보하는 것이란다. 무정부주의적 관념은 무정부주의적 언어를 뱉어낸다. '부르주아 국가' 체제라고!〕 혁명적 상황을 이용하는 것을 우리의 과제로 간주한다. 따라서 본 협의회는 사회민주주의가 임시 혁명정부를 구성하고 그 정부에 참여하는 것을 거부한다고 선언하는 바이며〔스페인 혁명• 10개월 전에 바쿠닌주의자들이 통과시켰으며, 엥겔스가 언급한 바 있는 결의안을 생각해보라.『프롤레타리』제3호를 보라〕, 나아가 국가체제의 민주화를 위한 실행가능한 수단〔!?〕을 확보하기 위해서는 부르주아 임시정부에 대해 밖으로부터〔위로부터가 아니라 아래로부터〕압력을 가하는 것이 가장 시의적절한 조치라고 간주한다. 본 협의회는 사회민주주의자들이 임시

• 1872년에 일어난 스페인 공화주의자들의 대반란을 가리킨다. 이 반란의 결과 스페인에는 1873년에 연방공화국이 성립되었다.〔옮긴이 주〕

12 부르주아지가 민주주의 혁명에서 물러선다면 민주주의 혁명의 기세는 꺾일 것인가?

정부를 구성하거나 그 정부에 참여할 경우 다음과 같은 결과가 야기될 것으로 믿는다. 한편으로 사회민주주의자들은 권력의 장악에도 불구하고 사회주의 수립을 비롯한 노동계급의 절박한 요구들(공화국이 절박한 요구가 아니라니! 결의안 작성자들은 순진하게도 자기들이 마치 부르주아 혁명들에는 참여하기를 거부하기나 하는 양 순전히 무정부주의적인 언어를 읊조리고 있다는 사실을 알아채지 못한다!)을 충족시켜 줄 수 없음으로 인해 프롤레타리아트 대중이 사회민주당에 실망하게 되어 그 당을 저버리는 결과를, 그리고 다른 한편으로는 **부르주아 계급이 혁명에서 물러서게 됨으로써 혁명의 기세가 꺾이는 결과를 야기할 것이다.**

이것이 문제의 요점이다. 여기에는 무정부주의적 관념들이 가장 단순한 기회주의와 뒤엉켜 있다.(서유럽 베른슈타인주의자들이 또한 줄곧 그러하듯이.) 생각 좀 해보라. 사회민주주의자들이 임시정부에 참여하면 그로 인해 부르주아지가 혁명에서 물러서게 되고 따라서 혁명의 기세가 꺾일 것이므로 이자들은 임시정부에 참여하지 않을 것이라니! 실로 우리는 여기에서 새 『이스크라』철학 전반의 순수하고 일관된 형태를 보게 된다. 곧 혁명은 부르주아 혁명이기 때문에 우리는 부르주아지의 속물근성에 경의를 표하면서 길을 내주어야 한다는 것이다. 만일 우리가 조금이라도 그리고 잠시라도, 우리의 참여로 말미암아 부르주아지가 물러설지도 모른다는 생각을 따른다면, 그로 인해 우

142

리는 그저 혁명의 지도력을 완전히 부르주아 계급들에게 넘겨준다. 그로 인해 우리는 부르주아지가 물러서지 않도록 절제하고 온순해지라고 프롤레타리아트에게 강요함으로써, 프롤레타리아트를 완전히 부르주아지의 후견 아래 둔다.(완벽한 '비판의 자유'를 보유하면서!!) 우리는 부르주아지가 물러서지 않도록 하기 위해서 프롤레타리아트의 가장 긴요한 요구, 곧 그 정치적 요구 ― 경제주의자들이나 그 아류들은 결코 제대로 이해하지 못했던 ― 을 거세한다. 우리는 프롤레타리아트가 요구하는 정도까지 민주주의를 실현하기 위한 혁명적 투쟁의 장場으로부터 부르주아지와 흥정하는 장, 곧 혁명을 배신함으로써 우리의 원칙을 대가로 치르고 ('부르주아지가 물러서지 않도록') 부르주아지의 자발적 동의를 매수하는 장으로 완전히 넘어간다.

짧막한 두 줄로 캅카스의 새 『이스크라』파는 혁명을 배신하고 프롤레타리아트를 부르주아 계급들의 가련한 부속품으로 전락시키게 될 전술의 요체를 고스란히 표현했다. 새 『이스크라』 경향의 오류들로부터 우리가 위에서 추론해낸 것이 이제 하나의 명확하고 뚜렷한 원칙, 곧 왕정주의적 부르주아지의 궤적을 따르는 것에까지 고양되고 있음을 우리는 목격한다. 곧 공화국 수립이 부르주아지를 물러서게 할 것이므로(이미 물러서고 있다, 스트루베 씨가 그 예이다), 공화국을 위한 투쟁을 중단하라. 프롤레타리아트 측의 정력적이고 일관성 있는 어떠한 민주주의 요구도 언제나 그리고 세계 어디에서나 부르주아지를 물러서게 할 것이므로 ― 노동자들이여, 여러분의 토굴에 틀어박혀라! 오직 바깥에서만 행동하라! 혁명을 위해 '부르주아국가'

143

12 부르주아지가 민주주의 혁명에서 물러선다면 민주주의 혁명의 기세는 꺾일 것인가?

체제의 기구와 무기들을 사용하겠다는 생각일랑 꿈도 꾸지 말라! 여러분 몫으로는 '비판의 자유'를 간직하라!

'부르주아 혁명'이라는 용어에 대한 그들의 개념 자체에 내재하는 근본적 오류가 전면에 드러나고 있다. 이 용어에 대한 마르티노프나 새 『이스크라』식의 '개념'은 바로 프롤레타리아트의 대의를 부르주아지에게 팔아넘기는 결과를 낳게 된다.

예전의 경제주의를 잊어버리고 그것을 연구하지도 않고 기억해내지도 못하는 사람은 경제주의가 지금 부활하고 있다는 사실을 쉽사리 이해하지 못할 것이다. 베른슈타인적인 『크레도』Credo[33]를 상기해보라. 『크레도』의 필자들은 '순수하게 프롤레타리아트적인' 견해와 강령으로부터 다음과 같은 결론을 이끌어냈다. "우리 사회민주주의자들은 경제에, 노동계급의 진정한 대의에, 모든 정치적 술수를 비판할 자유에, 그리고 사회민주주의의 작업을 진정으로 더 심원하게 만드는 것에 관심을 가져야 한다." "정치는 자유주의자들의 몫이다." "신은 우리가 부르주아지를 물러서게 할 '혁명주의'에 빠지지 않도록 보호해주신다." 『크레도』 전체나 『라보차야 미슬』Rabochaya Mysl(『노동의 사상』) 제9호(1899년 9월)의 별책부록을 다시 읽는 사람이라면 누구나 거기서 이러한 추론 과정 전반을 식별해낼 것이다.

똑같은 것이 바로 오늘날 '위대한' 러시아 혁명 전반에 대한 평가에, 그 규모가 커졌을 뿐 그대로 적용되고 있다 — 맙소사, 정통 속물주의 이론가들에 의해 이미 속류화되거나 우스꽝스럽게 변용된 채 말이다! 즉 우리 사회민주주의자들은 행동에 관심을 가져야 한다. 그들 부르주아 계급은 행동의 자유를, 혁명적(자유주의적이라고 읽으라) 지도력을 위한 자유로운 공간을, 위로부터의 '개혁'을 실행할 자유를 가져야 한다.

마르크스주의를 속류화한 이런 사람들은 비판이라는 무기를 무기라는 비판으로 대체할 필요성에 대한 마르크스의 언급[34]을 생각조차 해본 적이 없다. 그들은 쓸데없이 마르크스의 이름을 들먹일 뿐 사실은 프랑크푸르트의 부르주아 허풍선이들과 조금도 다를 바 없는 마음가짐으로 전술에 관한 결의안을 작성한다. 프랑크푸르트의 허풍선이들은 절대주의를 마음껏 비판하고 민주주의 의식을 심화하기는 했으나 혁명의 시기는 행동의 시기, 곧 위로부터의, 동시에 아래로부터의 행동의 시기라는 것을 깨닫지 못했다. 그들은 마르크스주의를 궤변으로 변질시킴으로써 선진적이고 가장 단호하며 정력적인 혁명계급의 이데올로기를 그중 가장 후진적인 층, 곧 혁명적 민주주의의 힘겨운 과제들로부터 몸을 도사린 채 그것을 스트루베류의 신사님들에게 내맡겨버리는 식의 이데올로기로 변질시켜버렸다.

사회민주주의자들이 혁명정부에 참여해 부르주아 계급들이 혁명에서 물러서게 되면, 그로 인해 혁명의 '기세는 꺾일' 것이란 거다.

러시아 노동자들이여, 다음의 이야기를 들어보라. 곧 사회민주주의자들을 두려워하지도 않고, 차리즘에 대한 승리를 원하는 것이 아니라 차리즘과 타협하려는 스트루베류의 사람들이 혁명을 추진한다면, 혁명의 기세는 더 거세질 것이다. 앞에서 설정한 두 가지 가능한 결과 중 첫째 것이 발생한다면, 예를 들어 왕정주의적 부르주아지가 시포프식의 '헌법'에 관해 전제

145

12 부르주아지가 민주주의 혁명에서 물러선다면
민주주의 혁명의 기세는 꺾일 것인가?

정과 타협한다면 혁명의 기세는 더 커질 것이다!

　이렇게 치욕적인 어구를 당 전체의 지침을 밝히는 결의안들 속에 써넣거나 그와 같은 '적절한' 결의안들을 승인하는 사회민주주의자들은 마르크스주의에서 완전히 생기를 앗아가버린 궤변에 눈이 먼 나머지, 이 결의안들이 자신들의 다른 모든 어구도 공허한 구절로 변질시켜버린다는 사실을 알아채지 못한다. 『이스크라』에 실린 그들의 논설 중 어떤 것이라도, 혹은 심지어 우리의 고명하신 마르티노프가 쓴 소문난 팸플릿이라도 읽어보라. 여러분은 거기에서 **인민봉기**에 대한, 혁명을 **완수하는 일**에 대한, 그리고 일관성 없는 부르주아지에 맞선 투쟁에서 **보통 사람들**에 의존하려고 애쓰는 일에 대한 언급을 찾아볼 수 있을 것이다. 그러나 이 모든 탁월한 문장들은 여러분이 부르주아지가 이탈한 결과로 '혁명의 기세가 꺾일' 것이라는 생각을 받아들이거나 인정하자마자 보잘것없는 문장이 된다. 신사님네들, 이것은 양자택일의 문제이다. 곧 일관성 없고 이기적이며 겁 많은 부르주아지에도 **불구하고** 우리가 인민과 더불어 혁명을 수행하고 차리즘에 대해 완벽한 승리를 거두기 위해 투쟁하거나, 아니면 이러한 '불구하고'를 용납하지 않은 채 부르주아지가 혁명에서 '물러서지나' 않을까 염려하거나 둘 중 하나이다. 후자의 경우 우리는 프롤레타리아트와 인민을 부르주아지에게 팔아넘기게 될 것이다―그 일관성 없고 이기적이고 겁 많은 부르주아지에게 말이다.

　내 말을 오해할 생각일랑 하지 말라. 그대들이 고의적인 배신행위를 저지른 양 비난받고 있다고 목청을 돋우지 말라. 그게

146

아니다. 그대들은 마르크스주의를 '심원하게 만드는' 비탈길을 타고 마침내 반혁명적이고 영혼도 생기도 없는 지적 자세로 어쩔 수 없이 그리고 돌이킬 수 없게 굴러떨어진 옛 경제주의자들과 똑같이, 부지불식간에 줄곧 늪으로 기어가 마침내는 늪 속에 빠져버리고 만 것이다.

신사님네들, 그대들은 '혁명의 기세'를 결정하는 진정한 사회세력에 대해 생각이나 해보았는가? 현재 우리에게 아주 유리하게 진전되어 있긴 하지만, 우리가 러시아 국내세력에 관심을 가지고 있는 만큼 마땅히 우리 모두가 논외로 하고 있는 국외의 정치세력들, 곧 국제 결사체들은 고려하지 않기로 하자. 국내의 사회세력들을 살펴보자. 혁명에 맞서 늘어선 세력은 전제정, 황실, 경찰, 관료제, 군대 그리고 한 줌의 귀족들이다. 인민의 분노가 깊어질수록 군대는 더욱 믿을 수 없게 되고 관료제는 더욱 동요하게 된다. 게다가 부르주아지는 대체로 지금은 자유에 대해 열광적으로 지껄여대거나 갈수록 자주 인민의 이름으로 심지어 혁명의 이름으로 나불거리면서 혁명을 지지하고 있다.•

그러나 우리 마르크스주의자들은 누구나가 한편으로는 이론을 통해서, 다른 한편으로는 우리의 자유주의자들, 젬스트보 사람들, 『해방』 지지자들에 대한 그날그날의, 그리고 시시각각의 관찰을 통해서, 부르주아지가 혁명을 지지하는 데 일관성 없고 이기적이며 겁쟁이라는 사실을 알고 있다. 부르주아지 대다

• 이 점에서 흥미로운 것은 스트루베 씨가 조레스에게 보낸 공개 서한이다. 최근에 조레스는 『뤼마니테』[35]에, 스트루베 씨는 『해방』 제72호에 이 공개 서한을 실었다.

147

**12 부르주아지가 민주주의 혁명에서 물러선다면
민주주의 혁명의 기세는 꺾일 것인가?**

수는 자기 자신의 편협하고 이기적인 이익이 충족되자마자, 그리고 그들이 철저한 민주주의로부터 '물러서자'마자(그런데 이미 그들은 거기서 물러서고 있다!) 필연적으로 혁명과 인민에 맞서서 반혁명과 전제정 쪽으로 돌아설 것이다. 남는 것은 인민, 곧 프롤레타리아트와 농민이다.

프롤레타리아트는 민주주의 혁명을 훨씬 넘어서서까지 나아가기 때문에 이 계급만이 최후까지 전진할 것으로 신뢰할 수 있다. 프롤레타리아트가 공화국을 위해 최전선에서 투쟁하고 있으며, 부르주아지의 이탈 가능성을 고려하라는 어리석고 쓸모없는 충고를 비웃듯이 거부하는 것도 바로 그런 이유에서이다. 농민은 프티부르주아 분자뿐만 아니라 대다수의 반¥프롤레타리아 분자를 포함한다. 이로 인해 농민 역시 불안정하게 되며 따라서 프롤레타리아트는 엄격한 계급정당으로 집결하지 않을 수 없게 된다. 그러나 농민의 불안정성은 부르주아지의 그것과는 근본적으로 다른데, 이는 현재 농민이 사유재산의 절대적 보존보다는 사유재산의 주요 형태 중 하나인 지주소유지 몰수에 더 이해관계를 갖기 때문이다. 따라서 농민은 사회주의자가 되지 않고도, 곧 프티부르주아지로 줄곧 남아 있으면서도 민주주의 혁명에 대한 성실하고 아주 철저한 지지자가 될 수 있다. 농민을 계몽시키는 혁명 사건들의 진로가 부르주아지의 변절과 프롤레타리아트의 패배에 의해 너무 일찍 끊기지만 않는다면, 농민은 필연적으로 혁명의 지지자가 될 것이다. 이러한 조건에서라면 농민은 필연적으로 혁명과 공화국의 버팀목이 될 것이다. 왜냐하면 완벽하게 성공적인 혁명만이 농업개혁 분야에서 가능한 **모든 것**, 곧 ('사회혁명당원들'이 상정하는 바와 같이 자본주의를 제거하기 위해서가 아니라) 반#농노제의 수렁에서, 억압과 굴종의 암흑에서 벗어나기 위해 그리고 상품생산 체계 내에서 가능한 한 농민들의 생활조건을 향상시키기 위해 농민들이 원하고 꿈꾸며 진실로 필요로 하는 **모든 것**을 농민에게 가져다줄 수 있기 때문이다.

게다가 농민이 혁명을 지지하는 것은 급진적인 농업개혁에 대한 기대뿐만 아니라 농민의 일반적이고 항구적인 모든 이해관계 때문이기도 하다. 민주주의 체제만이 자신들의 이해관계를 정확히 표현해줄 수 있고 대중으로서 그리고 다수로서 자신들의 우월성을 확보해줄 수 있기 때문에, 농민들은 프롤레타리아트와 싸울 때조차 민주주의를 필요로 한다. 농민이 계몽되면 될수록(일본과의 전쟁[36] 이후 농민은 학력이라는 자(尺)로 계몽의 정도를 재는 데 익숙한 많은 이들로서는 예측하기 힘든 속도로 계몽되고 있다), 그들은 더욱 일관성 있고 단호하게 철저한 민주주의 혁명을 지지할 것이다. 왜냐하면 농민은 부르주아지와는 달리 인민의 지배를 두려워할 이유가 없으며 오히려 그에 힘입어 이익을 볼 입장이기 때문이다. 민주주의 공화국은 그 순진무구한 왕정주의를 벗어던지기 시작하자마자 농민의 이상이 될 것인데, 이는 부르주아 투기꾼들(상원 따위를 가진)의 자각적 왕정주의란 유럽식 입헌주의라는 허울로 약간 번드레할 뿐 농민에게는 오늘날 그들이 겪는 것과 똑같은 권리 부재 및 똑같은 압제와 무지를 뜻하기 때문이다.

부르주아지가 하나의 계급으로서 자연적으로 그리고 필연

12 부르주아지가 민주주의 혁명에서 물러선다면 민주주의 혁명의 기세는 꺾일 것인가?

적으로 자유주의적 왕정주의 정당의 날개 밑에 모여드는 경향을 보이는 반면, 농민은 대다수가 혁명적이고 공화주의적인 정당의 지도 아래로 모여드는 경향을 보이는 것은 바로 이런 이유 때문이다. 부르주아지가 민주주의 혁명을 끝까지 수행할 수 없는 반면 농민은 그것을 완수할 수 있으며 또 농민이 그것을 완수하도록 우리가 온갖 노력을 기울여 도와주어야만 하는 것도 바로 이런 이유 때문이다.

이것은 사회민주주의자라면 누구나 아주 잘 아는 바요 두 말할 나위 없는 당연지사라는 반론이 제기될 수도 있다. 아니다. 사정은 그렇지 않다. 부르주아지가 혁명에서 빠져나온 결과 '혁명의 기세가 꺾일 것'이라고 말할 수 있는 사람들은 그것을 이해하지 못한다. 이러한 사람들은 우리의 농업강령 어구들을 그 뜻도 이해하지 못한 채 기계적으로 암기해 되뇔 따름이다. 왜냐하면 그것을 제대로 이해할 경우 그들은 전체 마르크스주의 세계관이나 우리의 강령으로부터 필연적으로 도출되는 프롤레타리아트와 농민의 혁명적 민주주의 독재라는 개념에 놀라지 않을 것이기 때문이다. 왜냐하면 그것을 제대로 이해할 경우 그들은 위대한 러시아 혁명의 기세를 부르주아지가 나아가고자 하는 그 한계로만 국한시키지는 않을 것이기 때문이다. 반면 이들은 자신들의 추상적인 마르크스주의적 혁명 어구를 자신들의 구체적인 반마르크스주의적이고 반혁명적인 결의안으로 깔아뭉개고 있다.

성공적인 러시아 혁명에서 농민이 맡을 역할을 진정으로 이해하는 사람이라면 부르주아지가 혁명에서 물러설 경우 혁명의 기세가 꺾일 것이라 말할 생각은 꿈에도 없을 것이다. 왜냐하면 실제로는 부르주아지가 혁명에서 물러설 때 그리고 농민 대중이 프롤레타리아트와 나란히 적극적 혁명가로 나설 때에 비로소 러시아 혁명은 그 참된 기세를 과시하기 시작할 것이며, 부르주아 민주주의 혁명기에 있을 수 있는 가장 막강한 혁명적 기세를 진정으로 과시하게 될 것이기 때문이다. 일관성 있게 끝까지 완수되려면 우리의 민주주의 혁명은 부르주아지의 불가피한 동요를 마비시킬 수 있는 세력들(『이스크라』의 캅카스 추종자들이 자신들의 무분별성으로 말미암아 그렇게도 두려워하는 세력들, 곧 '어김없이 부르주아지를 혁명에서 물러서도록' 할 수 있는 세력들)에 의존해야 한다.

프롤레타리아트는 전제정의 저항을 무력으로 분쇄하고 부르주아지의 동요를 마비시키기 위해 자신들에게 농민 대중을 통합시키면서 민주주의 혁명을 끝까지 밀고 나가야 한다. 프롤레타리아트는 부르주아지의 저항을 무력으로 깨부수고 농민과 프티부르주아지의 동요를 마비시키기 위해 주민 가운데 반半프롤레타리아 분자 대중을 자신들에게 통합시키면서 사회주의 혁명을 완수해야 한다. 프롤레타리아트의 과제들이란 바로 이런 것이다. 하지만 새 『이스크라』 파는 혁명의 기세에 관한 자신들의 모든 논의와 결의안들에서 이러한 과제를 아주 편협하게 제시하고 있다.

그러나 혁명의 '기세'에 관한 논의들에서 자주 간과되는 한 가지 상황을 잊어서는 안 된다. 중요한 것은 이 과제가 제기하는 어려움이 아니라 그것의 해결을 추구하고 달성하도록 해주는 방법이라는 사실을 잊어서는 안 된다. 혁명의 기세를 막강하

151

고 아주 힘차게 만드는 것이 쉬운가 어려운가가 문제가 아니라 그 기세를 더 막강하게 하기 위해 어떻게 활동해야 하는가가 문제인 것이다. 우리 사이에 견해가 다른 것은 바로 우리 활동의 기본적 성격과 그 활동이 따라야 할 방향에 대해서이다. 우리가 이것을 강조하는 까닭은 조심성이 부족하고 치밀하지 못한 사람들이 두 가지 상이한 문제, 곧 두 가지 다른 길 중 어느 하나의 선택이라는 방향성의 문제와 주어진 길에 따라 어떻게 더 빨리, 더 쉽게 목적에 도달할 것인가 하는 편의성의 문제를 너무나도 자주 혼동하기 때문이다.

앞에서 우리는 이 마지막 문제를 전혀 취급하지 않았다. 왜냐하면 이 문제는 당내에서 어떠한 견해 차나 불일치도 일으키지 않았기 때문이다. 물론 이 문제 자체는 매우 중요하며 모든 사회민주주의자로부터 가장 진지한 관심을 끌 만한 가치가 있다. 노동계급 대중뿐만 아니라 농민 대중을 운동에 끌어들이는 데에 수반되는 어려움을 간과한다는 것은 용서할 수 없는 낙관주의에 빠지는 것이리라. 이러한 어려움은 민주주의 혁명을 완수하려는 노력을 몇 차례나 좌절시켰는데, 그 결과 일관성 없고 이기적인 부르주아지는 인민에 맞선 왕정주의적 보호막에 편승하여 '밑천을 잡음'으로써 남달리 의기양양해할 수 있었으며 동시에 자유주의나『해방』류의 '순결성을 보존할' 수 있었다. 그러나 어렵다는 것이 곧 불가능하다는 것을 의미하지는 않는다. 중요한 것은 선택한 길이 올바른 길임을 확신하는 것인바, 이러한 확신은 혁명적 에너지와 혁명적 열정을 백 배나 배가해 기적도 행할 수 있을 것이다.

오늘날 노선 선택의 문제를 둘러싼 사회민주주의자들 사이의 불화가 얼마나 깊은가는 새 『이스크라』 지지자들의 캅카스 결의안과 러시아 사회민주노동당 제3차 대회의 결의안을 비교해보면 금방 알 수 있다. 당 대회 결의안은 말한다. 곧 부르주아지는 일관성이 없으며 우리에게서 어김없이 혁명의 성과물을 탈취하려 할 것이다. 그러므로 노동자 동지들이여, 더욱 힘차게 투쟁을 준비하라! 스스로 무장하라! 농민을 여러분 편에 끌어들여라! 우리는 싸워보지도 않고 우리 혁명의 성과물을 이기적인 부르주아지에게 넘겨주지는 않을 것이다. 캅카스의 새 『이스크라』 지지자들의 결의안은 말한다. "부르주아지는 일관성이 없으며 혁명에서 물러설지도 모른다. 그러므로 노동자 동지들이여, 임시정부에 가담할 생각일랑 하지 마시오. 왜냐하면 그럴 경우 부르주아지는 틀림없이 뒤로 물러설 것이며 따라서 혁명의 기세가 꺾일 것이기 때문이오!"

한쪽 편은 말한다. "일관성 없는 부르주아지 측에서 저항하든 순순히 따르든 간에 혁명을 끝까지 밀고 나가라."

다른 편은 말한다. "독자적으로 혁명을 끝까지 밀고 나가려는 생각일랑 하지 말라. 그럴 경우 일관성 없는 부르주아지는 혁명에서 물러설 것이기 때문이다."

이것들은 정반대되는 두 가지 노선 아닌가? 한쪽 편의 전술이 다른 편의 전술을 완전히 배제하고 있다는 것과, 전자가 혁명적 사회민주주의의 유일한 올바른 전술인 반면 후자는 사실상 완전히 『해방』의 전술이라는 것이 명백하지 않은가?

153

13   결론 ― 우리는 감히 승리해도 되는가?

러시아 사회민주주의 내의 실정을 피상적으로 알고 있거나 혹은 경제주의 시기 이래의 우리 당내 투쟁의 전 역사를 조금도 알지 못한 채 그저 방관자 입장에서 판단하는 사람들은 지금, 특히 제3차 당 대회 이후 드러나고 있는 전술상의 불일치를 너무도 자주 다음과 같은 단순한 주장, 곧 사회민주주의 운동 내에는 자연적이고 불가피하며 제법 화해 가능한 두 가지 조류가 있다는 주장으로 대충 넘겨버린다. 그들의 말에 따르면, 한쪽 편이 평범하고 일상적인 그날그날의 작업을, 선전과 선동을 전개하고 무력을 준비하며 운동을 심화하는 따위의 필요성을 특히 강조하는 반면 다른 한쪽 편은 운동의 전투적이고 혁명적인 정치 일반의 과제를 강조하고 봉기의 필요성을 지적하면서 혁명적 민주주의 독재와 임시 혁명정부라는 슬로건을 들고 나온다. 어느 편이든 과장해서는 안 된다, 어느 편이든(그리고 일반적으로 세상 어디에서나) 극단은 좋지 않다는 식으로 그들은 말한다.

그와 같은 주장에 의심할 나위 없이 담긴, 저속한(그리고 소위 '정치적인') 지혜를 풍기는 싸구려 상투 어구는 너무도 흔히 당의 긴급하고 절박한 필요를 이해할 능력이 없음을 은폐하고 있다. 러시아 사회민주주의자들 사이에 나타난 오늘날의 전술적 차이점을 살펴보자. 물론 우리가 새『이스크라』의 전술 논의에서 보는 바와 같이 작업의 평범한 일상적 측면을 특히 강조한다고 해서 그 자체가 어떠한 위험을 가져오거나 전술적 슬로건들에 대한 어떠한 견해 차를 유발할 수는 없을 것이다. 그러나 이러한 견해차를 뚜렷이 보기 위해서는 러시아 사회민주노동당 제3차 대회의 결의안들을 협의회의 결의안들과 비교해보는 것으로 충분하다.

그러면 무엇이 문제인가? 첫째, 운동의 두 가지 조류에 대해 그리고 극단의 해악에 대해 추상적으로 이야기하는 것으로는 충분하지 않다. 주어진 시점에서 주어진 운동이 부딪치고 있는 어려움은 무엇이며 현재 당에 진정한 정치적 위협이 되는 것은 무엇인가를 구체적으로 알아야 한다. 둘째, 제시된 전술적 슬로건이, 또는 어쩌면 그런 슬로건의 부재가 어떤 정치세력들에게 실질적인 득을 보게 하는가를 알아야 한다. 새『이스크라』의 주장을 들어보면, 우리는 사회민주노동당이 선전과 선동, 경제투쟁, 부르주아 민주주의에 대한 비판을 내팽개치고 전투준비, 무장공세, 권력장악 따위에 지나치게 빠져들 위험에 봉착해 있다는 결론에 도달할 것이다. 그러나 사실상 당에 대한 실제 위협은 전혀 다른 쪽에서 나온다. 운동의 실정에 웬만큼 익숙한 사람이나 그 운동을 주도면밀하게 추적해온 사람이라면 누구나 새『이스크라』파의 두려움이 얼마나 우스꽝스러운 것인가를 반드시 깨닫게 된다. 러시아 사회민주노동당의 모든 작업은 이미 분명하고 확고부동한 형태를 지녀온바, 이러한 형태는 우

155

리가 주로 선전과 선동, 즉석 대중집회, 삐라 및 팸플릿의 살포, 경제투쟁의 지원과 경제투쟁 슬로건의 옹호에 관심을 둘 것이라는 사실을 확실하게 보장해준다. 1890년대 중반 이래로 확고하게 자리잡은 이러한 임무에 자신들의 모든 주의와 열성 및 시간의 99퍼센트를 언제나 변함없이 바치지 않은 당 위원회나 지구 위원회, 중앙 대표자회의, 공장 소모임은 단 하나도 없었다. 운동에 완전히 낯선 사람들만이 그것을 모를 뿐이다. 아주 순진무구하고 정보에 어두운 사람들만이 새『이스크라』파가 매우 중요하거나 한 양 되뇌는 케케묵은 진리를 액면 그대로 받아들일 것이다.

사실인즉 우리는 봉기의 과제들에 대해, 일반적인 정치적 슬로건들에 대해 지나친 열정을 보여주기는커녕, 바로 이 점에서 매우 놀라운 후진성을 보여주고 있다. 우리의 가장 큰 취약점이자 운동에 실제적 위협이 된다고 할 수 있는 이러한 후진성은 행동으로서의 혁명운동을 말로서의 혁명운동으로 전락시킬지도 모르며 또 어떤 곳에서는 이미 전락시키고 있다. 당의 작업을 수행 중인 그토록 많은 수백 개의 조직, 그룹, 서클 중에서 지금 새『이스크라』의 학자님네들이 새로운 진리를 발견한 사람들처럼 우쭐해서 떠들어대는 일상적 종류의 작업을 수행해오지 않은 곳은 하나도 찾을 수 없을 것이다. 반면에 봉기에 수반된 과제들을 이해하고 그것을 실행하기 시작했으며 차리즘에 맞선 전 인민의 혁명을 지도할 필요성을 깨달은 그룹이나 서클은 아주 적은 비율밖에 찾아볼 수 없다.

우리는 우리의 진보적이며 진실로 혁명적인 과제들에 믿

156

을 수 없을 정도로 뒤처져 있다. 아주 많은 경우에 우리는 그 과제들을 인식조차 하지 못했다. 여기저기서 우리는 이러한 측면에서 나타난 우리의 후진성으로 말미암아 혁명적 부르주아 민주주의가 힘을 얻어왔다는 사실을 눈치채지 못한 채 지내왔다. 그러나 새 『이스크라』의 필자들은 사건의 추이와 시대의 요구에서 등을 돌린 채 '옛것을 잊지 말라! 새것에 넋을 빼앗기지 말라!'라고 줄곧 고집스럽게 되뇌고 있다. 협의회의 모든 중요한 결의안들에 나타나는 변함없는 **기본동기**가 바로 이것이다. 반면에 당 대회의 결의안들에서 여러분은 마찬가지로 변함없이 다음과 같은 내용을 읽게 된다. 곧 옛것을 확인하면서도(그러나 그것이 **이제** 연륜이 깊고, 문건이나 결의안들 속에서 그리고 경험에 의해 이미 결정되어 기록된 것이라는 바로 그 이유에서 그것을 줄곧 되씹기만 하는 것이 아니라) 우리는 새로운 과제를 제기하고 그것에 관심을 기울일 것이며 나아가 새로운 슬로건을 내걸고 진정으로 혁명적인 사회민주주의자들로 하여금 그 슬로건을 실행하는 작업에 즉시 착수하도록 요구할 것이라는 점이다.

사회민주주의 전술에서의 두 가지 경향이라는 문제와 관련된 사태의 진상은 바로 이와 같다. 혁명기에는 새로운 과제들이 제기되는바, 완전히 눈먼 자들만이 그것을 깨닫지 못한다. 일부 사회민주주의자들은 지체없이 이러한 과제들을 인정하여 일정에 올리며 다음과 같이 선언한다. 무장봉기는 미룰 수 없다. 즉시 그리고 정력적으로 무장봉기를 준비하라. 결정적 승리에 무장봉기가 필수적임을 기억하라. 공화국, 임시정부, 프롤레타리아트와 농민의 혁명적 민주주의 독재를 위한 슬로건을 내

157

세워라. 그러나 다른 사회민주주의자들은 뒤로 물러서거나 제자리걸음을 하면서, 슬로건을 제시하기는커녕 머리말만 끄적거릴 뿐이다. 그들은 새로운 것을 인정하기는커녕 낡은 것만을 확인하면서 그것을 따분하고 장황하게 되씹고 있으며, 새로운 것을 피하기 위한 핑계나 짜낼 뿐, 결정적 승리를 위한 조건을 규정하지도 못하며 완전한 승리를 성취하기 위한 노력과 유일하게 일치하는 슬로건을 제시하지도 못한다.

이러한 꽁무니주의의 정치적 결과가 우리 눈앞에 드러나고 있다. 러시아 사회민주노동당의 '다수파'와 혁명적 부르주아 민주주의 사이의 교분이라는 꾸며낸 이야기는 어떠한 정치적 사실에 의해서도, '볼셰비키'의 어떠한 문서에 의해서도 확인되지 않은 채 남아 있다. 반면에 『해방』으로 대변되는 기회주의적·왕정주의적 부르주아지는 새 『이스크라』파가 옹호하고 있는 '제 원칙'에 나타난 경향을 오래전부터 **환영해왔으며** 지금도 사실상 자기들의 목적을 위해 그 경향을 이용하고 있다. 그리고 이들 기회주의적·왕정주의적 부르주아지는 '음모'와 '폭동'에 대한 반대, 혁명의 '기술적' 측면을 과장하는 것에 대한 반대, 봉기의 슬로건을 공개리에 선언하는 것에 대한 반대, 극단적인 요구를 담은 '혁명주의'에 대한 반대 등을 지향하는 새 『이스크라』파의 구호와 '생각'을 채택하고 있다. 캅카스 '멘셰비키' 사회민주주의자 전체 협의회에서 채택한 결의안—새 『이스크라』편집진이 승인하였다—은 전체 문제를 정치적으로 한 치의 오차도 없이 다음과 같이 요약하고 있다. '프롤레타리아트가 혁명적 민주주의 독재에 참여할 경우 부르주아지가 물러서면 어쩌나!'

이로써 문제는 명쾌해졌으며 프롤레타리아트를 왕정주의적 부르주아지의 부속물로 전락시키는 작업이 마무리되었다. 이리하여 새『이스크라』의 꽁무니주의가 가지는 정치적 의의는 사실상 어떤 개인이 우연히 밝힌 견해가 아니라 전체 경향이 특별히 채택한 결의안으로 입증된다.

이러한 사실들을 생각해본 사람이라면 누구나 사회민주주의 운동의 두 진영과 두 경향에 대한 항간의 언급들이 갖는 진정한 의의를 이해할 것이다. 이러한 경향을 철저하게 연구하려면 베른슈타인주의를 살펴보아야 한다. 베른슈타인주의자들은 완전히 똑같은 방식으로 프롤레타리아트의 진정한 과제와 프롤레타리아트의 세력을 구축하는 과제, 모든 작업을 심화하고 새로운 사회의 요소들을 준비하는 과제, 그리고 선전과 선동의 과제를 이해하고 있는 것은 바로 자기들이라고 우리의 귀가 따갑도록 이야기해왔다.

베른슈타인은 말한다. 곧 우리는 있는 그대로를 솔직히 시인할 것을 요구하며, 따라서 어떤 '궁극적 목표'가 없는 '운동'을 정당화하고 방어적 전술만을 승인하며 '부르주아지가 물러서지 않을까' 두려워하는 전술을 설교한다. 이렇게 베른슈타인주의자들은 혁명적 사회민주주의자들의 '자코뱅주의', '노동자들의 독자적 행동'을 인정하지 않는 '정치평론가' 등에 대해 강력히 이의를 제기했다. 사실상 주지하다시피 혁명적 사회민주주의자들은 일상적인 사소한 작업이나 힘을 비축하는 작업 등을 포기한다는 생각조차 해본 적이 없다. 이들이 요구한 것은 단지 궁극적 목적에 대한 명쾌한 이해였으며 혁명 과제들의 명쾌한 제

159

시였다. 이들은 반¥프롤레타리아층과 반프티부르주아층을 프롤레타리아트의 혁명적 수준까지 끌어올리기를 원한 것이지 '부르주아지가 물러서지 않도록'이라는 기회주의적 착상의 수준으로 프롤레타리아트의 수준을 끌어내리길 원한 것은 아니었다. 당내의 인텔리적·기회주의적 진영과 프롤레타리아·혁명적 진영 사이의 이러한 불화를 가장 실감나게 드러내주는 표현은 아마도 **우리가 감히 승리해도 되는가**〔dürfen wir siegen?〕라는 질문일 것이다. 우리는 승리해도 되는가? 우리가 승리한다는 것은 위험하지 않을까? 우리는 승리해야 하는가? 얼핏 엉뚱해보이는 이러한 질문이 그럼에도 불구하고 제기되었으며 또 제기되어야 했던 까닭은 기회주의자들이 승리를 두려워 하고, 프롤레타리아트를 협박해 승리에서 멀어지도록 하고 있으며, 승리할 경우 난처한 일이 생길 것이라고 내다보고 있으며, 직설적으로 승리를 요구하는 슬로건을 비웃고 있기 때문이다.

인텔리적·기회주의적 경향과 프롤레타리아적·혁명적 경향으로의 이러한 근본적 분열은 우리에게도 똑같이 존재하는데, 다만 여기서 문제가 되는 건 지금 우리 앞에 놓인 것이 사회주의 혁명이 아니라 민주주의 혁명이라는 아주 근본적인 차이뿐이다. 얼핏 터무니없어보이는 '우리가 감히 승리해도 되는가?'라는 질문은 우리 사이에서도 제기되어왔다. 이 질문은 마르티노프가 자신의 『두 가지 독재』라는 글에서 제기했는데, 여기에서 그는 우리가 봉기를 잘 준비하고 그것을 매우 성공적으로 수행할 경우 비참한 불행이 따를 것이라고 예견한다. 이 질문은 임시 혁명정부의 문제를 다루는 새 『이스크라』의 모든 문건에서 제기되어왔으며, 밀랑이 부르주아 기회주의 정부에 참여한 것을 바를랭이 프티부르주아 혁명정부에 참여한 것[37]과 동일시하려는 집요하나 쓸데없는 노력이 줄곧 지속되어왔다. 이 질문은 '부르주아지가 물러서지 않도록'이라는 구절로 결의안에 구체화되어 있다. 그리고 예를 들어 카우츠키가 임시 혁명정부에 대한 우리의 논쟁은 곰을 죽이기 전에 고기를 나누어 갖는 격이라고 지금 빈정대고 있을지라도, 이러한 야유는 단지 아무리 현명하고 혁명적인 사회민주주의자라 할지라도 풍문으로만 알고 있는 어떤 것에 대해 말할 때는 실언하기 쉽다는 것을 입증해줄 따름이다. 독일 사회민주주의는 아직 자신의 곰을 죽이는(사회주의 혁명을 수행하는) 데까지 이르지는 못했지만, 우리가 '감히' 곰을 죽여도 되는가에 대한 논쟁은 원칙과 실제 정치의 견지에서 대단히 중요성을 가진다. 러시아 사회민주주의자들은 아직 '자신들의 곰을 죽일'(민주주의 혁명을 수행할) 수 있는 데까지 다가서 있지는 않지만, 우리가 '감히' 곰을 죽여도 되는가라는 문제는 러시아와 러시아 사회민주주의의 장래 전체에 엄청난 중요성을 가지고 있다. 우리는 '감히' 승리할 수 있다고 우리가 확신하지 못하는 한, 정력적으로 그리고 성공적으로 군대를 모집하고 지도하는 것은 불가능하다.

　우리의 옛 경제주의자들을 살펴보자. 경제주의자들 역시 자신들의 반대파는 음모가이자 자코뱅주의자이며(『노동의 대의』 특히 제10호와 제2차 당 대회[38]에서 마르티노프가 강령에 대한 토론 중에 행한 연설을 보라), 정치에 뛰어듦으로써 대중으로부터 유리되고 있다고, 그리고 자신들의 반대파는 노동계급 운동의 근본원리를 간과하고 있으며 노동자들의 독자적 행동 따위를 무시하고 있다고 떠들어댔다. 이 '노동자들의 독자적 행동'의 지지자들은 실제로는 기회주의적 인텔리로서, 프롤레타리아트의 과제에 대한 그들 자신의 편협하고 조잡한 개념을 노동자들에게 강요하려 했다. 경제주의의 반대파들은, 옛『이스크라』에서 누구나 볼 수 있었듯이 실제로는 사회민주주의 작업의 어떠한 측면도 게을리하거나 뒤로 밀쳐두지 않았으며 경제투쟁을 조금도 소홀히 하지 않았다. 오히려 이들은 절박하고 당면한 정치적 과제를 아주 폭넓게 제시할 수 있었으며 따라서 노동자당이 자유주의적 부르주아지의 '경제적' 부속물로 전락하는 것에 반대했다.

경제주의자들은 정치란 경제에 기반을 두는 것이라고 기계적으로 암송했으며 이것을 정치투쟁은 경제투쟁의 수준으로 환원되어야 한다는 의미로 '이해'했다. 새『이스크라』파는 민주주의 혁명은 그 경제적 본질에 있어 부르주아 혁명이라고 기계적으로 암송해왔으며, 이것을 프롤레타리아트의 민주주의적 목표들은 부르주아지의 온건성의 수준, 곧 '부르주아지가 물러서게 될' 정도에는 미치지 않는 수준으로까지 낮추어져야 한다는 의미로 '이해'한다. 자신들의 작업을 심화한다는 핑계로 그리고 노동자들의 독자적 행동을 고양하고 순수하게 계급적인 정책을 추구한다는 핑계로, 경제주의자들은 실제로는 노동자계급을 자유주의적 부르주아 정치인들의 손아귀에 내맡기고 있었다. 곧 경제주의자들은 바로 이와 같은 객관적 의의를 가진 노선을 따라 당을 이끌고 있었다. 똑같은 핑계로 새『이스크라』파는 실

162

제로는 민주주의 혁명에서의 프롤레타리아트의 이해관계를 부르주아지에게 팔아넘기고 있다. 곧 새『이스크라』파는 바로 이와 같은 객관적 의의를 가진 노선을 따라 당을 이끌고 있다. 경제주의자들은 정치투쟁에서의 지도력은 사회민주주의자들의 일이 아니라 본래 자유주의자들의 일이라고 생각했다. 새『이스크라』파는 민주주의 혁명을 적극적으로 실행하는 것은 사회민주주의자들의 일이 아니라 본래 민주주의적 부르주아지의 일이라고 생각한다. 그들의 주장대로라면 프롤레타리아트가 지도력을 발휘하고 탁월한 역할을 할 경우 '혁명의 기세가 꺾일' 것이기 때문이다.

제2차 당 대회에서 그들이 기원한 바를 살펴볼 때, 뿐만 아니라 그들이 지금 민주주의 혁명에서 프롤레타리아트의 전술적 과제들을 제시하는 방법으로 미루어볼 때, 새『이스크라』파는 간단히 말해 경제주의의 아류이다. 그들은 또한 당내에서 인텔리, 기회주의 진영을 이루고 있다. 조직 분야에서 그들은 인텔리의 무정부주의적 개인주의로부터 시작해서는 '과정으로서의 해체'disorganisation-as-process로 끝을 맺었다. 요컨대 그들은 당 조직으로부터 당 출판활동의 분리, 민주주의적 대표제 대신 보나파르트식의 국민투표제인 사실상 4단계의 간접선거제, 그리고 마지막으로 부분과 전체 사이의 '합의'의 원칙을 협의회가 채택한 '규약들' 속에 끼워넣었다. 당 전술에서 그들은 똑같은 비탈길에서 미끄러졌다. '젬스트보 운동 계획'[39]에서 그들은 젬스트보 사람들에게 청원하는 것이 '최상의 시위 형태'라고 선언했으며, 정치무대에서는 정부와 부르주아 민주주의자들이라는 단

163

두 개의 실세만을 보았다.(1월 9일 전야에!) 그들은 직접적이고 실천적인 슬로건 대신 스스로 무장하고자 하는 불타는 욕구로 인민을 무장시키라는 요구를 들고나옴으로써, 인민 무장이라는 절박한 과제를 '더 심원하게' 만들었다. 그들은 자기 공식 결의안 속에서 봉기, 임시정부의 수립, 그리고 혁명적 민주주의 독재와 관련된 과제를 왜곡하거나 거세했다. "부르주아지가 물러서지 않도록"이라는 그들 최근 결의안의 결말은 그 노선이 당을 어디로 이끌어가는가 하는 문제를 분명히 조명해주고 있다.

러시아의 민주주의 혁명은 그 사회경제적 본질로 보아 부르주아 혁명이다. 그러나 이 올바른 마르크스주의 명제를 그저 되뇌는 것만으로는 충분하지 않다. 그것은 정확하게 이해되어야 하며 정치 슬로건들에 정확하게 적용되어야 한다. 일반적으로 오늘날의 생산관계, 곧 자본주의적 생산관계에 토대를 두는 모든 정치적 자유는 부르주아적 자유이다. 자유에 대한 요구란 일차적으로 부르주아지의 이해관계를 표현한다. 부르주아지의 대변자들이 이러한 요구를 제일 먼저 내세웠다. 부르주아지의 지지자들은 자기들이 획득한 자유를 어디에서나 주인처럼 사용했으며, 그 자유를 온건하고 소심한 부르주아적 기준으로 낮추어 평화 시에는 혁명적 프롤레타리아트에 대한 가장 교묘한 탄압과, 그리고 격동기에는 가장 야만적인 탄압과 결합시켰다.

그러나 이 사실로부터 자유를 위한 투쟁이 부정되거나 경시되어야 한다는 결론을 끌어낼 수 있는 자는 오직 반란자 나로드니키, 무정부주의자 그리고 경제주의자뿐이다. 이러한 인텔리주의적이며 속물적인 교의들을 프롤레타리아트에게 주입하

164

는 것은 단지 한동안만 가능했으며 프롤레타리아트의 의지에 반하는 일일 뿐이다. 비록 정치적 자유가 즉각적으로는 부르주아지를 강화하고 조직화하는 효과를 가져온다지만, 프롤레타리아트는 자신들이야말로 그 누구보다 정치적 자유를 필요로 함을 늘 본능적으로 깨달아왔다. 프롤레타리아트가 자신의 구원을 발견하리라 기대해볼 수 있는 것은 계급투쟁을 회피함으로써가 아니라 계급투쟁을 발전시킴으로써, 곧 그 영역과 의식, 조직과 결의를 확대함으로써이다. 정치투쟁의 과제를 소홀히 하는 사람은 누구나 사회민주주의자를 인민의 호민관에서 노동조합 서기로 전락시킨다. 부르주아 민주주의 혁명에서 프롤레타리아트의 과제를 소홀히 하는 사람은 누구나 사회민주주의자를 인민혁명의 지도자에서 자유 노동조합의 지도자로 전락시킨다.

그렇다, 인민의 혁명이다. 사회민주주의는 '인민'이라는 단어가 부르주아 민주주의적으로 오용되는 것에 맞서 싸워왔으며 지금도 아주 올바르게 싸우고 있다. 사회민주주의는 이 단어가 인민 내부의 계급 적대감에 대한 몰이해를 은폐하는 데 사용되어서는 안 된다고 요구한다. 사회민주주의는 프롤레타리아트 당에 완벽한 계급독자성이 필요하다고 단호하게 주장한다. 그러나 사회민주주의가 '인민'을 '계급들'로 나누는 것은 선진적 계급이 자기 계급에 틀어박히고 협소한 한계 내에 자신을 한정하도록 하기 위해서가 아니며, 세계의 경제적 지배자들이 물러설까 두려워 자신의 활동을 무기력하게 만들기 위해서도 아니다. '인민'을 '계급들'로 나누는 것은 선진적 계급이 중간계급의

165

주저와 동요 및 우유부단성을 겪지 않고 전 인민의 선봉에 서서 전 인민의 대의를 위해 정력과 열의를 다 바쳐 투쟁하도록 하기 위해서이다.

현재의 새 『이스크라』파, 곧 민주주의 혁명의 적극적 정치 슬로건을 저버리고 '계급적'이라는 단어를 다종다양한 격(格)과 성(性)으로 변화시키면서 그저 현학적으로 반복하는 사람들이 흔히 이해하지 못하는 게 바로 이 점이다.

민주주의 혁명은 성격상 부르주아적이다. 전면적 재분배 또는 '토지와 자유'라는 슬로건 ─ 여전히 빛과 행복을 절실하게 갈망하는 핍박받고 무지한 농민 대중에게 가장 널리 퍼져 있는 슬로건 ─ 은 부르주아적 슬로건이다. 그러나 우리 마르크스주의자들은 프롤레타리아트와 농민이 진정한 자유로 나아가기 위해서는 부르주아적 자유와 부르주아적 진보 외에 다른 어떤 길도 없으며 또 있을 수도 없다는 것을 알아야 한다. 우리는 사회주의를 앞당기기 위해선 완벽한 정치적 자유 외에, 민주주의 공화국 외에, 프롤레타리아트와 농민의 혁명적 민주주의 독재 외에 현 시점에서는 다른 어떤 수단도 없으며 또 있을 수도 없다는 것을 잊어서는 안 된다. 어떠한 주저도 회의도 망설임도 없이, 선진적이고 유일한 혁명적 계급의 대변자로서, 우리는 전 인민에게 민주주의 혁명의 과제를 가능한 한 광범위하고 대담하게 그리고 최대한 주도적으로 제시해야 한다. 이러한 과제를 얕잡아보는 것은 이론적으로는 마르크스주의를 희화화하고 속물적으로 왜곡하는 일이며, 실제 정치에서는 일관성 있게 혁명을 수행하는 과제로부터 필연적으로 몸을 도사리게 될 부르주아지의 손아귀에 혁명의 대의를 내맡겨두겠다는 의미이다. 혁명의 완벽한 승리로 나아가는 길에 놓인 어려움은 매우 크다. 만일 프롤레타리아트의 대변자들이 최선을 다했으나 반동의 저항, 부르주아지의 변절 그리고 대중의 무지로 말미암아 그들의 노력이 좌절되었다면 어느 누구도 그들을 나무랄 수 없을 것이다. 그러나 사회민주주의가 승리할까 두려운 나머지, 곧 부르주아지가 물러서지 않을까 하는 걱정에 시달린 나머지 민주주의 혁명에서 혁명적 에너지를 앗아가고 혁명적 열정에 재를 뿌린다면, 누구나 특히 계급의식을 지닌 프롤레타리아트가 사회민주주의를 비난할 것이다.

혁명은 역사의 견인차라고 마르크스는 말했다.[40] 혁명은 피억압자와 피착취자의 축제이다. 인민 대중이 새로운 사회질서의 창조자로서 혁명기보다 더 적극적으로 나설 수 있는 때는 없다. 그러한 때에 인민은, 점진주의적 진보라는 제한되고 속물적인 잣대로 잰다면 기적과 같은 일을 행할 수 있다. 그러나 필수적인 것은 혁명 정당의 지도자들도 그러한 때에는 더욱 포괄적이고 대담하게 자신들의 목표들을 내걸어야 한다는 점이다. 그래야만 그들이 내건 슬로건이 항상 대중의 혁명적인 자발적 행동을 앞서나갈 것이고, 횃불의 역할을 하고, 우리의 민주주의적이고 사회주의적인 이상을 그 위대하고 장려한 모습 그대로 대중에게 드러내줄 것이며, 완벽하고 단호하며 결정적인 승리에 이르는 가장 가까운 지름길을 대중에게 제시해줄 것이다. 혁명이나 지름길을 두려워하여 타협이라는 우회로를 고안해내는 과제는 『해방』의 부르주아 기회주의자들에게 맡겨버리자. 우리

167

가 어쩔 수 없이 그런 길로 끌려갈 수밖에 없을지라도, 우리는 사소한 일상적 작업에서도 우리의 임무를 다할 수 있을 것이다. 그러나 우선 어떤 길을 선택할지는 가차없는 투쟁을 거쳐 결정하도록 하자. 만일 우리가 결정적인 지름길을 위해 냉혹하고 자기희생적인 투쟁을 벌이려는 대중의 이러한 축제적 에너지와 혁명적 열정을 이용하지 않는다면, 우리는 혁명의 반역자요, 배신자가 될 것이다. 다가올 반동에 대해서는 부르주아 기회주의자들이나 겁에 질려 생각하라고 내버려두자. 노동자들은 무서운 반동이 닥칠 것이라든가 부르주아지가 물러서려 한다든가 하는 생각에 겁먹지 않을 것이다. 노동자들은 흥정을 바라지 않는다. 그들이 요구하는 것은 사소한 양보가 아니다. 그들이 얻으려고 애쓰는 것은 가차없이 반동세력을 분쇄하는 것, 곧 **프롤레타리아트와 농민의 혁명적 민주주의 독재**를 수립하는 것이다.

물론 우리 당이라는 배는 순탄한 '항해'의 시기, 곧 착취자들이 노동계급의 생명의 피를 고통스러울 정도로 집요하게 빨아먹는 것을 뜻하는 자유주의적 진보의 시기보다는 폭풍우치는 격동의 시기에 더 큰 위험에 직면하게 된다. 물론 혁명적 민주주의 독재의 과제들은 '철저한 야당'이나 오직 의회적인 투쟁의 과제들보다 끝없이 어렵고 복잡하다. 그러나 현재의 혁명 상황에서 순탄한 항해나 안전한 '야당'의 길을 의식적으로 선호할 수 있는 사람이라면 누구나 사회민주주의의 작업을 잠시 포기하고 혁명이 끝날 때까지, 곧 축제가 끝나고 지루한 일상생활이 다시 시작되어 그의 편협한 일상적 규범이 선진적 계급의 과제에 대해 그토록 지긋지긋한 불협화음을 내거나 그 과제의 추잡스러운 왜곡이 되지 않을 때까지 기다리는 것이 좋을 것이다.

완벽한 자유를 위해, 철저한 민주주의 혁명을 위해, 공화국을 위해 전 인민 특히 농민의 선봉에 서라! 사회주의를 위해, 모든 고생하는 자들과 착취당하는 자들의 선봉에 서라! 혁명적 프롤레타리아트의 정책은 실로 이런 것이어야 한다. 혁명기 동안의 노동자 당의 모든 전술 문제, 모든 실질적 조치 해결에 스며들고 또 그것을 규정해야 할 계급 슬로건이란 바로 이것이다.

169

『해방』 경향에 대한 재론,
새 『이스크라』 경향에 대한 재론

『해방』 제71, 72호와 『이스크라』 제102호는
우리의 팸플릿 제8장에서 다루고 있는 문제에 대한
추가자료를 풍부하게 제공해준다.
여기에서 이 많은 자료를 다 이용하는 것은
극히 불가능하므로 우리는
가장 중요한 사항들만을 다룰 것이다.
첫째, 『해방』이 찬양하고 있는 사회민주주의의
'현실주의'란 어떤 종류의 것이며
또 『해방』은 왜 그것을 찬양해야 하는가.
둘째, 혁명 개념과 독재 개념의 관계.

1 부르주아 자유주의적 현실주의자들은 왜 사회민주주의적 '현실주의자들'을 찬양하는가?

「러시아 사회민주주의의 분열」과 「상식의 승리」라는 논설들 (『해방』 제72호)은 자유주의적 부르주아지의 대표들이 사회민주주의에 대해 간직한 견해, 곧 계급의식을 지닌 프롤레타리아들이 주목할 만한 가치가 있는 견해를 드러내고 있다. 우리는 사회민주주의자라면 누구나 이들 논설을 자세히 읽고 거기에 담긴 각 문장을 **심사숙고**해보아야 한다고 강력하게 권하는 바이다. 우리는 우선 이 두 논설에 담긴 가장 중요한 명제들을 그대로 옮겨볼까 한다.

『해방』은 말한다. '국외자로서는 사회민주당을 두 개의 분파로 분열시켜온 차이점들의 진정한 정치적 의의를 파악하기가 상당히 어렵다. '다수'파를 대의를 위해 일정한 타협을 허용하는 '소수'와는 다른 더 철저하고 단호한 부류로 정의하는 것은 조금도 정확하지 않으며 어떠한 경우에도 완벽한 성격 규정을 제공하지 못한다. 적어도 정통 마르크스주의의 전통적 교리는 아마도 소수파가 레닌파보다 훨씬 열정적으로 준수했다. 우리가 보기에 다음과 같은 성격 규정이 더 정확할 것 같다. 다수파의 근본적인 정치적 기질은 추상적 혁명주의, 폭동성, 모든 수단을 다해 인민 대중 사이에 봉기를 일으키고 그들을 대표해 즉각적으로 권력을 장악하려는 열정이다. 이것은 어느 정도 레닌주의자들을 사회혁명당원들에 근접시키며, 그들의 의식 속에서 전 인민의 러시아 혁명이라는 관념이 계급투쟁의 관념을 가려버리도록 만든다. 레닌주의자들은 실천 면에서 사회민주주의 교의의 편협성을 상당 부분 포기하는 반면에 혁명주의의 편협성에는 철저히 감염되어 있다. 그들은 당면한 봉기의 준비를 제외한 모든 실제적 작업을 거부하며, 합법·반¥합법적인 어떤 형태의 선동도, 그리고 다른 대립적 경향들과의 그 어떤 실천적 유용함을 갖는 타협도 원칙적으로 무시한다. 이와 반대로 소수파는 마르크스주의 교의를 확고하게 신봉하는 동시에 마르크스주의 세계관의 현실주의적 요소들을 보존한다. '프롤레타리아트'의 이해관계를 부르주아지의 이해관계에 대립시키는 것이 이 그룹의 기본 생각이다. 그러나 다른 한편으로 프롤레타리아트의 투쟁이라는 것은 그 투쟁의 모든 구체적 조건과 목표에 대한 명확한 이해를 바탕으로 하여 현실주의적으로 냉정하게―물론 사회민주주의의 불변의 교리들이 규정하는 일정한 틀 내에서―인식되어 있다.

이들 두 분파 중 어느 쪽도 자기들의 기본 관점을 아주 일관되게 밀고 나가지 못하는데, 이는 자신들의 이데올로기적·정치적 활동에서 그들이 사회민주적 교리문답의 엄격한 정식에 얽매여 있기 때문이다. 이러한 엄격한 정식은 '레닌주의자들'을 적어도 일부 사회혁명당원들과 같은 부류의 확고부동한 반란자들이 될 수 없도록 만들며 『이스크라』파를 노동계급의 진정한 정치운동의 실천적 지도자가 될 수 없도록 만든다. 가장 중요한 결의안의 내용을 인용한 후에 『해방』의 필자는 계속해서 자신의 일반적 '생각들'을 몇 가지 구체적인 언급을 덧붙여가며 설명하고 있다. 그는 제3차 당 대회와 비교해 "소수파 협의회는 봉기에 관해 전혀 다른 태도를 취하고 있다"고 말한다. "봉기에 대한 태도와 관련하여" 임시정부에 대한 각각의 결의안에는 차이점이 있다. "이와 비슷한 차이점이 직종별 노동조합에서도 나타난다. 자신들의 결의안에서 '레닌주의자들'은 노동계급을 정치적으로 교육하고 조직하는 데 있어 이러한 가장 중요한 출발점에 대해 한마디도 언급하지 않았다. 이에 반하여 소수파는 아주 중대한 결의안을 작성했다." 자유주의자들을 두고 양 파는 서로 견해가 일치한다는 것이다. 그러나 제3차 당 대회는 "제2차 당 대회에서 채택된 바 있는, 자유주의자들에 대한 태도에 관한 플레하노프 결의안을 거의 글자 그대로 답습하고 있으며, 또 같은 대회에서 채택되었으며 자유주의자들에게 더 호의적으로 기울어 있는 스타로베르 결의안을 거부하고 있다." 농민운동에 대

175

후기 — 1 부르주아 자유주의적 현실주의자들은 왜
　　　사회민주주의적 '현실주의자들'을 찬양하는가?

한 당 대회의 결의안과 협의회의 결의안은 대체로 내용이 일치하지만, "다수파가 지주소유지와 여타 토지의 혁명적 몰수라는 생각을 더 강조하는 반면 '소수'파는 국가와 행정에서의 민주주의적 개혁을 위한 요구를 자신들의 선동 기반으로 삼기를 원한다."

마지막으로 『해방』은 『이스크라』 제100호에 실린 멘셰비키 결의안을 인용하는데, 그 주요 구절은 다음과 같다. "지하활동만으로는 현 시점에서 당 생활에 대한 대중의 적절한 참여가 보장되지 않기 때문에, 그리고 지하활동은 어느 정도 대중을 비합법 조직으로서의 당에 대립되는 존재로 만들어버리기 때문에, 당은 합법적 기반을 지닌 노동자들의 노동조합 투쟁을 지도해야 하며 이 투쟁을 사회민주주의 과제들과 밀접히 연결시켜야 한다." 『해방』은 이 결의안에 대해 논평하면서 다음과 같이 외치고 있다. "우리는 이 결의안을 상식의 승리로서, 사회민주당의 특정 부분이 전술에 대해 이해하기 시작했다는 증거로서 기꺼이 환영하는 바이다."

이제 『해방』의 주목할 만한 견해가 모두 독자들에게 제시되었다. 물론 이들 견해를 객관적 진실에 일치한다는 의미에서 옳은 것으로 간주한다면 그것은 매우 중대한 과오를 범하는 것이리라. 사회주의자라면 누구나 이들 견해에 담긴 오류를 언제든지 쉽사리 찾아낼 것이다. 이들 견해는 자유주의적 부르주아지의 이해관계와 관점에 철저히 물들어 있으며, 그런 의미에서 완전히 편견으로 가득 차 있고 편향되어 있다는 사실을 망각한다는 건 순진한 짓이리라. 그들은 마치 볼록거울이나 오목거울이 물체를 비추는 것과 같은 식으로 사회민주주의자의 견해를 반영하고 있다. 그러나 이들 부르주아적으로 왜곡된 견해는 결국 부르주아지의 현실적 이해관계를 반영하는 것이며, 계급으로서의 부르주아지는 사회민주주의 내의 어떤 경향이 자신들에게 유리하고 가까우며 친근하고 호의적인가를, 그리고 어떤 경향이 자신들에게 유해하고 소원하며 낯설고 적대적인가를 의심할 나위 없이 정확하게 이해하고 있다는 사실을 망각한다면 그것은 더욱 중대한 과오를 범하는 것이리라. 부르주아 철학자나 부르주아 정치평론가는 볼셰비키 사회민주주의든 멘셰비키 사회민주주의든, 사회민주주의를 결코 잘 이해하지 못할 것이다. 그러나 조금이라도 분별 있는 정치평론가라면 그는 자신의 계급본능에 의해 어김 없이 언제나 사회민주주의 운동 내의 이런저런 경향이 부르주아지에게 의미하는 바의 본질을 파악해낼 것이다 ― 어쩌면 그가 그것을 왜곡해 표현할지도 모르지만. 계급의식이 있는 프롤레타리아라면 누구나 우리 적의 계급본능과 계급견해에 항상 가장 면밀한 주의를 기울여야 하는 이유가 바로 이것이다.

그러면, 러시아 부르주아지의 계급본능이 『해방』의 입을 빌려 우리에게 말해주고자 하는 것은 무엇인가?

『해방』은 새 『이스크라』가 대변하는 경향에 대해 아주 명백하게 자신의 만족을 표명하고 있으며, 현실주의, 자제심, 상

177

식의 승리, 결의안의 건전성, 전술 문제를 이해하기 시작했다는 점, 실제성 등을 이유로 새 『이스크라』를 찬양하고 있다. 한편 『해방』은 제3차 당 대회의 경향에 대해 불만을 표명하고 있으며, 편협성, 혁명주의, 폭동성, 실제적으로 유용한 타협을 거부한 점 등을 이유로 제3차 당 대회를 비난하고 있다. 부르주아지는 자신의 계급본능에 의해, 우리 측 문건이 엄정한 사실에 입각해 여러 차례 입증해온 것, 곧 새 『이스크라』의 지지자들은 오늘날 러시아 사회민주주의 운동의 기회주의 진영이며 그 반대파는 혁명 진영이라는 사실을 정확하게 감지하고 있다. 자유주의자들은 전자의 경향에 공감하지 않을 수 없으며 후자의 경향을 비난하지 않을 수 없다. 부르주아지의 이념가로서 자유주의자들은 부르주아지가 사실상 노동계급의 활동영역을 자본주의의 틀, 개혁, 노동조합투쟁 등에 국한함으로써, 노동계급의 '실제성, 자제심, 건전성'으로부터 이득을 본다는 사실을 매우 잘 이해하고 있다. 프롤레타리아트의 '혁명적 편협성', 프롤레타리아트 자신의 계급적 목표들을 촉진하기 위해 러시아 인민혁명에서 프롤레타리아트가 지도력을 장악하려는 노력, 이러한 것들은 부르주아지에게는 위험하고 소름끼치는 일이다.

　　『해방』적 의미의 '현실주의'라는 단어가 가지는 실제적 의의가 바로 이러하다는 것은 무엇보다도 『해방』이나 스트루베 씨가 이전에 그 단어를 사용한 방식으로 보아 명백하다. 『이스크라』 자신도 『해방』이 사용한 '현실주의'의 의의가 바로 그러했음을 인정하지 않을 수 없었다. 예컨대 『이스크라』 제73호 부록에 실린 「바로 지금이다!」라는 논설을 살펴보자. 이 논설의 필

178

자(러시아 사회민주노동당 제2차 대회에서 '소택파'• 견해의 일관된 대표자)는 "당 대회에서 아키모프는 기회주의의 진짜 대표였다기보다 기회주의의 유령 역할을 했다"라는 견해를 솔직하게 표명했다. 그리고 『이스크라』의 편집진은 주註에서 다음과 같이 진술함으로써 「바로 지금이다!」에 나타난 필자의 견해를 즉시 수정하지 않을 수 없었다.

> 이 견해에는 찬동할 수 없다. 강령에 대한 아키모프 동지의 견해에는 명백히 기회주의의 각인이 찍혀 있다. 이 사실은 『해방』의 비평가조차 인정한다. 이 비평가는 『해방』의 최근 호 중 하나에서 아키모프 동지는 '현실주의적' ― 수정주의적이라고 읽으라 ― 경향의 추종자라고 서술하고 있다.

이와 같이 『이스크라』 자체가 『해방』의 '현실주의'는 단지 기회주의일 뿐 달리 아무것도 아니라는 사실을 완전히 알아차리고 있다. '자유주의적 현실주의'를 공격하면서(『이스크라』 제102호), 『이스크라』가 자신의 현실주의 덕택에 자유주의자들의 찬양을 받아왔다는 사실은 전혀 밝히고 있지 않다면, 이러한 침묵은 그와 같은 찬양이 어떠한 비난보다도 더 쓰라린 것이라는 사정으로 설명된다. 그와 같은 찬양(『해방』은 그와 같은 찬양을 그저

• 러시아 사회민주노동당 제2차 대회에서 레닌이 이끄는 '다수파'와 마르토프가 이끄는 '소수파'의 중간에 위치한 그룹으로서, 레닌은 이들을 '소택파'沼澤派(Marsh)라고 불렀다. [옮긴이 주]

후기 ― 1 부르주아 자유주의적 현실주의자들은 왜 사회민주주의적 '현실주의자들'을 찬양하는가?

우연히 한 것도 아니며 처음으로 한 것도 아니다)은 전반적인 전술적 입장의 오류로 말미암아 새『이스크라』파의 어떠한 결의안에서도 나타나는 사회민주주의적 '현실주의'(기회주의라고 읽으라)의 이러한 경향과 자유주의적 현실주의 사이의 친화성을 현실적으로 입증해준다.

실로 러시아의 부르주아지는 '인민'혁명에서 자신들이 취할 비일관성과 탐욕을 이미 완전하게 드러냈다. 곧 이러한 비일관성과 탐욕은 스트루베 씨의 논거에서, 대다수 자유주의 신문들의 전반적 취지와 내용에서, 대다수 젬스트보 의원과 대부분의 인텔리 그리고 일반적으로 트루베츠코이 씨, 페트룬케비치 씨, 로디체프 씨 일당을 추종하는 무리들의 정치적 발언의 성격에서 드러났다. 물론 부르주아지는 그 자신의 계급본능에 의해 다음과 같은 사실을, 곧 한편으로 프롤레타리아트와 '인민'은 전제정에 맞선 탄알받이로서, 쇠망치로서 **부르주아지 자신**의 혁명에 유용하지만, 다른 한편으로 프롤레타리아트와 혁명적 농민은 만약 그들이 '차리즘에 대한 결정적 승리'를 획득하고 민주주의 혁명을 완수한다면 부르주아지 자신에게 대단히 위협적이 되리라는 사실을 아주 잘 깨닫고 있다. 부르주아지가 프롤레타리아트로 하여금 혁명에서 '온건한' 역할을 수행하는 것에 만족하도록, 더 자제하고 실제적이며 현실주의적이 되도록, 그리고 프롤레타리아트의 행동이 '부르주아지가 물러서지 않도록'이라는 원칙에 따라 결정되도록, 온갖 노력을 다 기울여 유인하는 이유가 바로 이것이다.

인텔리적 부르주아들은 자신들이 노동계급 운동을 없애지

는 못할 것이라는 사실을 아주 잘 알고 있다. 그렇기 때문에 그들은 노동계급 운동 자체 또는 프롤레타리아트 계급투쟁 자체에 대해서는 결코 반대하지 않는다. 아니 그들은 노동계급 운동이나 계급투쟁을 브렌타노식으로 혹은 히르슈-둥커식으로 이해하기 때문에, 파업권에 대해 그리고 점잖은 계급투쟁에 대해서는 심지어 말로나마 호의를 표시하기도 한다. 다시 말해 만일 노동자들이 스스로의 '폭동성'과 '편협한 혁명주의', '현실적으로 유용한 타협'에 대한 적대감을 포기한다면, 또 '러시아 전체 인민의 혁명'에 대해 그것이 노동자 **자신들**의 계급투쟁이라는 각인을 찍으려 하는, 프롤레타리아적 일관성과 단호함 그리고 '평민적 자코뱅주의'의 각인을 찍으려 하는 요구와 열망을 포기하기만 한다면, 인텔리적 부르주아들은 노동자들에게 파업권과 결사의 자유(사실상 이것은 노동자들 스스로 이미 쟁취하였다)를 '양보'할 완전한 준비가 되어 있다.

그렇기 때문에 러시아 전역의 인텔리적 부르주아들은 갖은 수단과 방법 — 저술,[•] 강연, 연설, 토론 따위 — 을 동원하여 (부르주아적) 자제심, (자유주의적) 실제성, (기회주의적) 현실주의, (브렌타노식) 계급투쟁,[41] (히르슈-둥커식) 노동조합[42] 등의 관념으로 노동자들을 물들이려고 온갖 노력을 다하고 있다. 마지막 두 가지 슬로건은 외관상 마르크스주의 슬로건과 일치하고, 약간 생략하거나 조금만 왜곡한다면 사회민주주의 슬로건인 것처럼 쉽사리 혼동될 수 있으며 심지어 사회민주주의 슬로건인

[•]   Prokopovich, *The Labour Question is Russia*를 참조할 것.

181

후기 — 1 **부르주아 자유주의적 현실주의자들은 왜 사회민주주의적 '현실주의자들'을 찬양하는가?**

양 통용될 수도 있기 때문에, '입헌민주'당 곧 『해방』파의 부르주아지에게 각별히 편리하다. 예컨대 합법적 자유주의 신문인 『라스베트』(이에 대해 우리는 앞으로 『프롤레타리』의 독자들과 함께 더 자세히 토론할 것이다)[43]는 흔히 계급투쟁, 부르주아지가 프롤레타리아트를 기만할 가능성, 노동자계급 운동, 프롤레타리아트의 독자적 행동 등등에 대해 '대담한' 말을 늘어놓기 때문에 부주의한 독자나 계몽되지 못한 노동자라면 이들의 '사회민주주의'가 참된 것인 양 쉽사리 믿게 될 것이다. 그러나 사실상 이 것은 사회민주주의에 대한 부르주아적 모방이며, 계급투쟁 개념에 대한 기회주의적 왜곡이자 곡해이다.

이 모든 엄청난 부르주아적 속임수(대중에 대한 영향력 정도라는 측면에서 엄청난)의 뿌리에는 노동계급 운동을 주로 노동조합 운동에 한정하고 가능한 한 독자적인 정책(곧 민주주의 독재를 지향하며 혁명적인)을 가지지 못하도록 하며, '노동자들의 의식 속에서 전체 인민의 러시아 혁명이라는 관념을 계급투쟁의 관념으로 가려버리려는' 충동이 자리잡고 있다.

독자들도 깨닫게 되겠지만, 우리는 『해방』의 정식을 거꾸로 뒤집어놓았다. 이것은 매우 훌륭한 정식으로서, 민주주의 혁명에서 프롤레타리아트의 역할에 대한 두 가지 견해, 곧 부르주아적 견해와 사회민주주의적 견해를 탁월하게 표현하고 있다. 부르주아지는 프롤레타리아트를 노동조합 운동으로 한정하길 원하며 그렇게 함으로써 '프롤레타리아트의 의식 속에서, 전체 인민의 러시아 혁명이라는 관념을 (브렌타노식) 계급투쟁의 관념으로 가려버리려 한다.' 이러한 정신상태는 『크레도』의 베른

182

슈타인주의 필자들이 노동자들의 의식 속에서 정치투쟁의 관념을 '순수한 노동자계급 운동'이라는 관념으로 가려버리려 했던 것과 마찬가지이다. 이와 반대로 사회민주주의는 프롤레타리아트의 계급투쟁을 전체 인민의 러시아 혁명을 지도하는 수준까지 발전시키기를, 곧 그 혁명을 프롤레타리아트와 농민의 민주주의 독재로까지 이끌기를 원한다.

우리의 혁명은 전 인민의 혁명, 이라고 부르주아지는 프롤레타리아트에게 말한다. 즉 별개의 계급으로서 여러분은 여러분의 계급투쟁에 그쳐야 한다. '상식'의 이름으로 여러분은 주로 노동조합과 그 합법화에 관심을 쏟아야 한다. 여러분은 이들 노동조합을 '여러분을 정치적으로 교육하고 조직하는 데 가장 중요한 출발점'으로 간주해야 한다. 혁명적 상황에서 여러분은 새 『이스크라』의 결의안과 같은 아주 '건실한' 결의안을 작성해야 한다. 여러분은 '자유주의자들에게 더 우호적인' 결의안에 관심을 기울여야 한다. 여러분은 '노동계급의 현실적 정치운동의 실질적 지도자'가 되려는 성향을 지닌 지도자를 선호해야 하며, (만약 여러분이 마르크스주의라는 '비과학적' 교리문답의 '엄격한 정식'에 이미 물들어 있다면) '마르크스주의 세계관의 현실주의적 요소들을 보존해야' 한다.

우리의 혁명은 전 인민의 혁명, 이라고 사회민주주의자들은 프롤레타리아트에게 말한다. 가장 진보적이고 유일하게 철저한 혁명계급으로서 여러분은 혁명에서 가장 적극적인 역할뿐만 아니라 선도적인 역할도 수행할 수 있도록 힘써야 한다. 따라서 여러분은 주로 노동조합 운동으로 이해되는 편협하게

183

후기 ― 1 부르주아 자유주의적 현실주의자들은 왜 사회민주주의적 '현실주의자들'을 찬양하는가?

상정된 계급투쟁의 틀에 머물러서는 안 된다. 그와 반대로 여러분은 전 인민의 현 러시아 민주주의 혁명이 추구하는 모든 목표뿐만 아니라 그에 뒤따르는 사회주의 혁명의 목표도 **포괄할** 수 있도록 계급투쟁의 틀과 내용을 확장하는 데 힘써야 한다. 그리하여 여러분은 노동조합 운동을 무시하거나 아무리 사소한 합법적 기회라도 그 활용을 거부해서는 안 되며, 혁명기에는 무장봉기의 과제, 곧 혁명군 및 혁명정부 구성이라는 과제를 차리즘에 대한 인민의 완벽한 승리를 위한, 그리고 민주주의 공화국과 진정한 정치적 자유의 성취를 위한 유일한 길로서 전면에 내세워야 한다.

자신들의 잘못된 '노선' 때문에 새 『이스크라』의 결의안이 이 문제에 대해 취하는 미적지근하고 일관성 없는, 그래서 당연히 부르주아지에게는 그만큼 공감을 불러일으키는 입장에 대해 더는 언급할 필요가 없을 것이다.

2   마르티노프 동지는 문제를 다시 '심원하게' 한다

『이스크라』제102호에 실린 마르티노프의 논설들로 넘어가보자. 물론 우리는 엥겔스와 마르크스로부터 가져온 수많은 인용문에 대한 우리의 해석이 잘못되었으며 그 자신의 해석이 옳다는 것을 입증하려는 마르티노프의 시도에 대해서는 응답하지 않을 것이다. 이러한 시도는 아주 경박하고 마르티노프의 속임수는 아주 빤하며 또 그 문제는 아주 명백하므로, 이 점을 다시 살펴보는 것에는 흥미가 없을 것이다. 사려깊은 독자라면 누구나 마르티노프가 전면적으로 후퇴하면서 쓴 빤한 잔꾀를 쉽사리 꿰뚫어볼 수 있을 것이다. 이러한 잔꾀는 특히 『프롤레타리』 필진이 준비하고 있는 엥겔스의 팸플릿, 『활동 중인 바쿠닌주의자들』과 마르크스의 팸플릿 『공산주의자 동맹 중앙위원회에서의 연설』(1850년 3월)의 완역본이 출판될 때 쉽사리 드러날 것이다. 마르티노프의 논설 중 단 한 구절만 인용해봐도 독자들은 그가 후퇴하고 있음을 충분히 알아차릴 것이다.

마르티노프는 『이스크라』제103호에서 "『이스크라』는 임시정부 수립이 혁명을 촉진하는 가능하고 시의적절한 방법이라는 것을 '인정'한다. 그러나 『이스크라』는 사회주의 혁명을 위해 앞으로 국가기구를 완전히 장악하겠다는 바로 그 목적을 위

185

하여, 사회민주주의자들이 부르주아 임시정부에 참여하는 방편은 거부한다"라고 말하고 있다. 달리 말해『이스크라』는 이제 국고와 은행에 대한 혁명정부의 책임, '감옥' 접수의 위험성과 불가능성 따위에 관한 자신의 모든 두려움이 터무니없는 것임을 인정한 것이다. 그러나『이스크라』는 민주주의 독재를 사회주의 독재와 혼동함으로써 이전과 다름없이 사태를 뒤죽박죽으로 만들고 있을 뿐이다. 이러한 혼란은 불가피하다. 그것은 후퇴를 은폐하는 수단인 것이다.

그러나 새『이스크라』의 멍청이들 중에서 마르티노프는 멍청이의 제1인자, 굳이 말하자면 재능 있는 멍청이라 할 수 있다. '문제를 심원하게 하려는' 자신의 정성스러운 노력으로 문제에 혼란을 일으킴으로써, 그는 자신이 취해온 입장의 모든 오류를 적나라하게 드러내는 새로운 정식들에 거의 변함없이 '도달한다'. 경제주의 시절에 마르티노프가 어떻게 플레하노프를 '더 심원하게' 만들었으며, 어떻게 '고용주와 정부에 맞선 경제투쟁'이라는 정식을 창안해냈는가를 여러분은 기억할 것이다. 경제주의 문헌 어디를 들추어봐도 이러한 경향의 오류에 대해 더 적절한 표현을 찾기 힘들 것이다. 오늘날에도 사정은 마찬가지이다. 마르티노프는 새『이스크라』에 열정적으로 봉사하고 있으며, 입을 열 때마다 거의 언제나 새『이스크라』의 잘못된 입장을 평가해볼 수 있는 새롭고 뛰어난 자료를 우리에게 제공한다. 제102호에서 그는 레닌이 '혁명의 개념과 독재의 개념을 슬그머니 바꿔치기했다'(3쪽 두 번째 단)라고 말하고 있다.

우리에게 퍼부어진 새『이스크라』파의 모든 비난은 본질

적으로 이 한마디로 압축된다. 참으로 우리는 이러한 비난에 대해 마르티노프에게 감사하는 바이다! 그는 자신의 비난을 이런 식으로 정식화함으로써 새『이스크라』관념들에 맞선 투쟁에서 우리에게 매우 값진 공헌을 한 것이다! 우리는 마르티노프가『프롤레타리』에 대한 공격을 '더 심원하게' 만들기 위해 그리고 이러한 공격을 '진실로 원칙에 입각한' 정식으로 만들기 위해 우리와 더 자주 맞서게 해달라고,『이스크라』편집진에게 적극적으로 부탁해야 한다. 왜냐하면 마르티노프가 원칙선상에서 논의하려고 애쓰면 애쓸수록, 그의 논의는 더욱 형편없는 것으로 드러나며, 새『이스크라』경향의 허점을 더욱 명확하게 드러내주며, 자신과 자신의 벗들에게 더욱더 훌륭하게 쓸 만한 교육 활동, 곧 reductio ad absurdum● (새『이스크라』의 원칙들을 엉망으로 만든 것)을 행하게 되기 때문이다.

『전진』과『프롤레타리』는 독재의 개념과 혁명의 개념을 '바꿔치기'하고 있다.『이스크라』는 이러한 '바꿔치기'를 원하지 않는다. 바로 그렇소, 존경스러운 마르티노프 동지! 당신은 부지불식간에 중대한 진실을 말해버렸다. 이 **새로운** 정식으로써 당신은『이스크라』가 혁명에 뒤처져 있으며 혁명의 과제들에 관한『해방』의 정식들에 빠져들고 있는 반면,『전진』과『프롤레타리』가 민주주의 혁명을 진척시키는 슬로건들을 제시하고 있다는 우리의 주장을 확인해주었다.

마르티노프 동지, 당신은 이것을 이해하지 못하는가? 문제

● '귀류법'歸謬法을 뜻하는 라틴어이다. [옮긴이 주]

후기 — 2 마르티노프 동지는 문제를 다시 '심원하게' 한다

의 중요성에 비추어 우리는 당신에게 자세한 설명을 제시할 것이다.

민주주의 혁명의 부르주아적 성격은 특히 사유재산과 상품생산의 틀을 벗어나지 못한 채 그것들을 완전히 인정하는 사회의 여러 계급, 집단 및 계층 들이 상황의 힘에 밀려 전제정과 봉건적 질서 전반의 무용성을 인정하고 자유를 요구하는 데 가담하지 않을 수 없게 된다는 사실에서 잘 나타난다. 이러한 자유, 곧 '사회'가 요구하고 지주들과 자본가들이 말(그리고 오직 말로만!)의 성찬 속에서 옹호한 자유의 부르주아적 성격은 갈수록 명확해지고 있다. 이와 동시에 자유를 위한 노동자들의 투쟁과 부르주아지의 투쟁 사이의 근본적 차이점, 곧 프롤레타리아트적 민주주의와 자유주의적 민주주의 사이의 근본적 차이점 역시 더욱 명백해지고 있다. 노동계급 및 계급의식 있는 노동계급의 대표들은 앞으로 나아가면서 이러한 투쟁을 진척시키고 있으며, 그 투쟁을 끝까지 수행하기를 두려워하지 않을 뿐 아니라 민주주의 혁명의 최종적 한계를 넘어서까지 나아가려 하고 있다. 부르주아지는 일관성이 없고 이기적이기 때문에, 자유의 슬로건을 위선적으로 그리고 부분적으로만 수용한다. 어떤 특별한 경계선이나 특별히 마련된 '사항들'(스타로베르의 결의안이나 협의회 사람들의 결의안에 나타난 것과 같은)을 통해 자유에 대한 부르주아 동료들의 이러한 배신이 시작되는 한계점을 설정하려는 모든 시도는 필연적으로 실패하게 마련이다. 왜냐하면 두 개의 포문(전제정과 프롤레타리아트) 사이에 사로잡힌 부르주아지는 왼쪽으로 오른쪽으로 한 치씩 요리조리 옮겨감으

188

로써 적응하고 매번 입씨름하거나 흥정하면서 자신의 입장과 슬로건을 천차만별로 바꿀 수 있기 때문이다. 프롤레타리아트 민주주의의 과제는 그러한 생기 없는 '사항들'을 고안해내는 것이 아니라 변모하는 정치상황을 끊임없이 비판하며, 매번 새롭고 예측 불가능한 부르주아지의 비일관성과 배신을 폭로하는 것이다.

비합법 출판물에 실린 스트루베 씨의 정치적 발언의 역사 그리고 스트루베 씨에 대한 사회민주주의의 투쟁사를 되돌아보라. 그러면 여러분은 프롤레타리아트 민주주의의 투사인 사회민주주의가 이러한 과제를 어떻게 실행해왔는가를 명확하게 알 수 있을 것이다. 스트루베 씨는 '제 권리와 권위 있는 젬스트보'(이에 대해서는 『자랴』[44]에 실린 나의 논설 「젬스트보의 박해자들과 자유주의의 한니발들」*을 보라)라는 순수하게 시포프적인 슬로건으로부터 시작했다. 사회민주주의는 그를 끌어내 명백한 입헌주의 강령 쪽으로 몰고 갔다. 혁명 사건들이 아주 급속히 진행된 까닭에 이러한 '몰아붙임'이 효과를 나타냈을 때, 투쟁은 민주주의상의 **다음** 문제, 곧 헌법 일반뿐만 아니라 보통 및 평등선거권, 직접선거, 비밀투표의 문제로 넘어갔다. 우리가 '적'으로부터 이러한 새로운 진지를 '빼앗았을' 때(『해방』연맹에 의한 보통선거권의 채택), 우리는 압력을 가중시키기 시작했다. 곧 우리는 양원제의 기만과 허구성을, 그리고 『해방』파가 보통선거권을 완전히 인정하고 있지는 않다는 사실을 폭로했다.

* *Collected Works* Vol.5, pp.31~80. [영문판 주]

189

후기 — 2 마르티노프 동지는 문제를 다시 '심원하게' 한다

우리는 그들의 **왕정주의** 속에 숨어 있는 그들의 민주주의적 장 삿속을, 달리 말해 이『해방』의 영웅들이 위대한 러시아 혁명의 이익에 끼친 피해를 지적했다.

　　마침내 전제정의 완고함, 내전의 놀라운 진전, 왕정주의자들로 말미암은 러시아의 절망적 곤경 등이 가장 우둔한 머리를 가진 사람들까지 파고들기 시작했다. 혁명은 하나의 사실이 되었다. 혁명을 인정하기 위해 더는 혁명가가 될 필요가 없었다. 전제정은 실제로 우리 눈앞에서 해체되고 있다. 어느 자유주의자(그레제스쿨 씨)가 합법적 신문에서 옳게 지적한 바와 같이, 이 정부에 대한 실제적 불복종이 시작되었다. 전제정은 겉으로 드러나는 위세와는 달리 무기력한 것으로 판명되었다. 혁명에 수반된 사건들이 산 채로 썩고 있는 이 기생체를 간단히 옆으로 밀어내기 시작했다. 지금 형성되고 있는 것과 같은 관계 속에 자신들의 활동을(혹은 자신들의 수상쩍은 정치적 뒷거래를) 위치 지어야만 했던 자유주의적 부르주아지는 **혁명을 승인해야 할 필요성에 눈뜨기 시작했다.** 그들은 자신들이 혁명가이기 때문에 그렇게 하는 것이 아니라, 자신들은 혁명가가 아니라는 사실에도 불구하고 그렇게 한다. 그들은 혁명의 성공을 분노의 눈초리로 노려보면서, 흥정이 아니라 필사의 투쟁을 원하는, 전제정에 맞선 혁명주의에 대해 비난을 퍼부으면서, 어쩔 수 없이 그리고 본의 아니게 그렇게 한다. 타고난 장사치인 그들은 투쟁이나 혁명을 증오한다. 그러나 그들은 상황에 떠밀려 어쩔 수 없이 혁명의 지반 위에 서게 되는데, 이는 그들의 발밑엔 다른 어떤 지반도 없기 때문이다.

우리는 매우 교훈적이며 매우 희극적인 광경을 보고 있다. 부르주아 자유주의적 매춘업자들이 혁명의 예복을 몸에 걸치려 하고 있다.『해방』사람들—risum teneatis, amici! •—이 혁명의 이름으로 말하기 시작했다. 그들은 자신들이 "혁명을 두려워하지 않는다"(『해방』제72호에서 스트루베 씨가)고 우리에게 확신시키기 시작했다!!! 그들은 자신들이 "혁명의 선봉에 선다"는 불만을 떠들어대고 있다!!!

이것은 부르주아 자유주의의 진전뿐만 아니라 특히 부르주아지로 하여금 혁명을 승인하지 **않을 수 없게** 만드는 혁명운동의 현실적 성공의 진보를 특정짓는 매우 중요한 현상이다. 전제정이 너무 동요하고 있기 때문에 부르주아지조차 혁명의 편에 서는 것이 자신에게 더 유리하다고 느끼기 시작했다. 그러나 다른 한편으로, 전체 운동이 새롭고 더 높은 수준에 도달했음을 입증해주는 이러한 현상은 또한 우리에게도 새롭고 더 높은 과제들을 부여한다. 이러저러한 부르주아 이념가들의 개인적 정직성 여부와는 무관하게 혁명에 대한 부르주아지의 승인은 솔직할 수가 없다. 부르주아지는 이러한 더 높은 운동 단계에서도 이기심, 비일관성, 흥정하는 기질 그리고 하찮은 반동적 잔꾀를 부리지 않을 수 없다. 우리는 이제 우리 강령의 이름으로 그리고 우리 강령을 발전시키면서 혁명의 **구체적인** 당면 과제를 달리 정식화해야 한다.

어제는 적절했던 것이 **오늘은 부적절하다.** 어제는 아마도 혁

• '웃지 말게나, 벗들이여!'

191

명을 승인해달라는 요구가 선진적인 민주주의 슬로건으로서 적절했다. 오늘은 그것으로 충분하지 않다. 혁명은 스트루베 씨조차 혁명 그 자체를 인정하지 않을 수 없게 만들었다. 이제 선진적인 계급은 이 혁명의 절박한 당면 과제들의 **내용 자체**를 정확하게 규정해야 한다. 스트루베 씨 부류의 사람들은 혁명을 승인하면서도 줄곧 자신들의 어리석음을 드러내면서, 평화로운 결말을 만들 수 있을 것이다, **니콜라이**가『해방』파에게 권력을 장악하라고 요청할 것이다 등등의 구태의연한 곡조를 연주하고 있다.『해방』파 사람들은 가능한 한 자신들이 더 안전하게 혁명을 거세하고 배신하기 위하여 혁명을 승인하는 것이다. 이제는 프롤레타리아트와 전 인민에게 '혁명'이라는 슬로건의 부적절성을 보여주는 것이 우리의 임무이다. 우리는 혁명의 **내용 자체**를 명쾌하고 확실하게 그리고 일관적이고 엄밀하게 규정하는 것이 얼마나 긴요한가를 보여주어야 한다. 그런데 이러한 규정은 혁명의 '결정적' 승리를 올바로 표현할 수 있는 하나의 슬로건, 곧 프롤레타리아트와 농민의 혁명적 민주주의 독재라는 슬로건에 의해 주어진다.

용어의 남용은 정치에서 대단히 흔한 관행이다. 예컨대 '사회주의자'라는 호칭은 영국의 부르주아 자유주의의 지지자들(하코트는 "이제 우리는 모두 사회주의자이다" "We all are socialists now"•라고 말했다), 비스마르크의 지지자들, 그리고 교황 레오 13세의 측근들에 의해 종종 사용되어왔다. '혁명'이라는 용어

• 이 구절은 러시아어로 된 원문에 영어로 쓰여 있다.[영문판 주]

역시 심하게 남용되고 있는데, 운동의 특정한 발전 단계에서 이러한 남용은 불가피하다. 스트루베 씨가 혁명의 이름으로 말하기 시작했을 때, 우리는 티에르를 연상하지 않을 수 없었다. 부르주아지의 정치적 타락의 가장 완벽한 화신인 이 기괴망측한 난장이는 인민의 폭풍이 몰려오는 것을 감지하고는 2월혁명 직전에 의회 연단에서 **나도 혁명당이다!**라고 선언했다.(마르크스의 『프랑스 내전』을 보라.) 『해방』이 혁명당에 가담한 것의 정치적 의의는 티에르의 경우와 **완전히 똑같다.** 러시아의 티에르류가 자신들은 혁명당 소속이라고 말하기 시작했다면, 이것은 혁명이 이미 하나의 사실이 되어버렸고 아주 다양한 분자들이 혁명 편으로 넘어오고 있기 때문에 혁명이라는 슬로건이 부적절하고 무의미해졌으며 어떠한 과제도 규정하고 있지 않음을 뜻한다.

실제로 마르크스주의의 관점에서 본 혁명이란 무엇인가? 그것은 낡은 정치적 상부구조의 강압적 파괴이다. 낡은 정치적 상부구조와 새로운 생산관계의 모순은 특정 순간 낡은 정치적 상부구조의 붕괴를 초래해왔다. 자본주의 러시아의 전체 구조 및 러시아의 부르주아 민주주의적 발전의 모든 요구와 전제정 사이의 모순이 이제 전제정 붕괴를 초래하고 있다. 이러한 모순이 오랜 기간 동안 인위적으로 유지되었던 만큼, 그 붕괴는 더욱 격렬하다. 상부구조는 마디마다 금이 가고 있으며 압력에 굴복하여 더 약해지고 있다. 아주 다양한 계급과 집단의 대표들을 통해 이제 인민은 몸소 새로운 상부구조를 건설해야 한다. 특정 발전단계에 이르면 낡은 상부구조의 무용성은 누구에게나 명

193

백해진다. 곧 누구나 혁명을 인정하는 것이다. 이제 과제는 **어떤** 계급이 **어떻게** 새로운 상부구조를 건설해야 하는지를 규정하는 것이다. 만약 이것이 규정되지 않는다면, 현 시점에서 혁명이라는 슬로건은 공허하고 무의미하다.

왜냐하면 전제정의 허약성으로 인해 대공大公들이나 『모스코프스키예 베도모스치』[45]조차 '혁명가'가 되었기 때문이다! 만약 이러한 과제가 규정되지 않는다면, 선진적 계급의 선진적인 민주주의 과제에 대해 이야기할 수 없을 것이다. 이러한 규정을 제공하는 것은 '프롤레타리아트와 농민의 혁명적 민주주의 독재'라는 슬로건이다. 이 슬로건은 새로운 상부구조의 새로운 '건설자들'이 의존할 수 있으며 의존해야만 하는 계급들을, 새로운 상부구조의 성격(사회주의 독재와 구별되는 민주주의 독재)을, 그리고 새로운 상부구조가 어떻게 건설되어야 하는가(독재, 곧 무력저항을 무력으로 진압하는 것과 인민이라는 혁명계급들의 무장)를 규정하고 있다. 이제 혁명적 민주주의 독재라는 이 슬로건, 곧 혁명군, 혁명정부, 혁명적 농민위원회라는 슬로건을 인정하려 하지 않는 사람은 누구나 혁명의 과제들을 전혀 이해하지 못하고 현 상황에서 요청되는 새롭고 더 높은 과제들을 규정하지 못하거나, 그렇지 않으면 '혁명'이라는 슬로건을 오용하면서 인민을 기만하거나 혁명을 배신하는 셈이다.

마르티노프 동지와 그의 벗들은 전자의 예이며, 스트루베 씨와 '입헌민주주의적' 젬스트보 당 전체는 후자의 예이다.

마르티노프 동지는 빈틈없고 약삭빠른 나머지, 혁명이 진전됨에 따라 혁명의 과제가 독재라는 슬로건으로 규정될 것이

요청되던 바로 그때에, 우리가 혁명의 개념과 독재의 개념을 '바꿔치기했다'고 비난했다! 이번에도 마르티노프 동지는 불행하게도 뒤처져버렸으며, 끝에서 두 번째 단계, 곧 『해방』이 도달한 수준에서 꼼짝도 못하고 있다. 왜냐하면 (말로서의) '혁명'은 승인하면서도 프롤레타리아트와 농민의 민주주의 독재(곧 행동으로서의 혁명)는 승인하려 하지 않는 것은 오늘날, 『해방』의 정치적 입장을 취하는 것, 곧 자유주의적이고 왕정주의적인 부르주아지에게 이익을 주는 것과 마찬가지이기 때문이다. 지금 자유주의적 부르주아지는 스트루베 씨를 통해 혁명에 호의적 입장을 표명하고 있다. 지금 계급의식이 있는 프롤레타리아트는 프롤레타리아트와 농민의 독재를 요구하고 있다. 그런데 이 단계에서 새 『이스크라』의 학자님네들이 논쟁에 끼어들어 외친다. "독재의 개념과 혁명의 개념을 함부로 '바꿔치기'하지 말라!" 자, 새 『이스크라』파는 자신들이 택한 잘못된 입장으로 말미암아 『해방』 경향의 꽁무니에 줄곧 끌려다닐 운에 처해 있는 것이 아닐까?

우리는 『해방』파 사람들이 민주주의를 승인하는 문제에서 한 걸음씩 올라서고 있는 것(사회민주주의자들의 부추김을 받지 않은 건 아니지만)을 보아왔다. 처음에 우리의 논쟁점은 시포프주의(제 권리와 권위 있는 젬스트보)냐 아니면 입헌주의냐 하는 것이었다. 그다음에는 제한선거권이냐 아니면 보통선거권이냐 하는 것이었다. 나중에는 혁명의 승인이냐 아니면 전제정과의 값싼 흥정이냐 하는 것이었다. 마지막으로 이제는 프롤레타리아트와 농민의 독재가 없는 혁명을 승인할 것이냐 아니면 민주

195

주의 혁명에서의 이들 계급의 독재에 대한 요구를 승인할 것이냐이다. 『해방』파 사람들(이들이 현재의 『해방』파 사람들이든 부르주아 민주주의자들의 좌익 진영에 속한 그들의 후계자이든 간에 마찬가지로)이 또 다른 단계에 올라서리라는 것, 곧 적절한 시기에(아마도 마르티노프 동지가 또 다른 단계로 올라설 무렵에) 독재라는 슬로건 역시 인정하리라는 것은 가능한 일이며 또 있을 수 있는 일이다. 만약 러시아 혁명이 계속 진전되어 결정적 승리를 성취한다면, 사정은 필연적으로 그렇게 될 것이다. 그때에 사회민주주의의 입장은 어떻게 될 것인가? 현 혁명의 완벽한 승리는 민주주의 혁명의 종언이 될 것이며 사회주의 혁명을 위한 단호한 투쟁의 시발점이 될 것이다. 현재 농민들이 품은 욕구의 충족, 반동의 철저한 격파 그리고 민주주의 공화국의 성취는 부르주아지의 혁명주의, 심지어 프티부르주아지의 혁명주의의 극한점이 될 것이며 사회주의를 위한 프롤레타리아트의 진정한 투쟁의 시발점이 될 것이다.

민주주의 혁명이 완벽하면 할수록 이러한 새로운 투쟁의 발전은 더 빠르고 더 광범위하며 더 완전하고 더 단호할 것이다. '민주주의' 독재라는 슬로건은 현재의 혁명이 역사적으로 제한된 성격을 갖는다는 사실을, 그리고 노동계급이 모든 압제와 모든 착취로부터 완전히 해방되려면 새로운 질서에 토대를 둔 새로운 투쟁이 필요하다는 사실을 표현하고 있다. 달리 말해 민주주의적 부르주아지 또는 프티부르주아지가 또 다른 단계로 올라설 때, 혁명뿐만 아니라 혁명의 완전한 승리도 기정 사실이 될 때, 우리는 민주주의 독재라는 슬로건을 프롤레타리아트

의 사회주의 독재, 곧 완전한 사회주의 혁명이라는 슬로건으로
'바꿀' 것이다.(아마도 장래의 새로운 마르티노프 부류들이 지르는
공포 가득한 비명 속에서.)

후기 ─ 2 마르티노프 동지는 문제를 다시 '심원하게' 한다

3   독재에 대한 속류 부르주아적 견해와
마르크스주의의 견해

메링은 1848년의『새 라인 신문』에 실린 마르크스의 논설들을 출판하며 덧붙인 주를 통해, 부르주아 간행물들이 이 신문에 퍼부은 비난 중 하나는 이 신문이 이를테면 '민주주의를 성취하는 유일한 수단으로서 독재를 즉시 도입할 것'(Marx, *Nachlass* Vol.Ⅲ, p.53)을 요구했다는 점이라고 우리에게 이야기하고 있다. 속류 부르주아적 관점에서 볼 때 독재라는 용어와 민주주의라는 용어는 서로 배타적이다. 계급투쟁 이론을 이해하지 못하며, 정치 무대에서 벌어지는 잡다한 부르주아 집단과 패거리들의 시시한 언쟁을 지켜보는 것에 익숙해진 까닭에, 부르주아지는 독재라는 것을 온갖 자유와 민주주의적 보장책을 폐지하는 것, 온갖 종류의 자의성 그리고 독재자 개인의 이익을 위한 온갖 종류의 권력남용으로 이해한다. 사실상 우리 마르티노프의 저작에 나타나 있는 것이 바로 이러한 속류 부르주아적 견해이다. 마르티노프는 새『이스크라』에 실린 자신의「새로운 출정」을 끝맺으면서,『전진』과『프롤레타리』가 독재라는 슬로건을 즐겨 사용하는 건 '자신의 운을 시험해보려는' 레닌의 '열정적 욕구' 탓이라고 말한다.(『이스크라』제103호 3쪽 두 번째 단) 이러한 매력적인 설명은『새 라인 신문』에 대한 그리고 독재를 설교하는 것에 대한 부르주아지의 비난과 완전히 궤를 같이하고 있다. 이렇게 마르크스 역시 혁명의 개념과 독재의 개념을 '바꿔치기했다'고 (사회민주주의자들이 아니라 부르주아 자유주의자들에 의해) 비난받았다. 개인적 독재와 구별되는 계급독재라는 개념의 의미와 사회주의 독재의 과제와 구별되는 민주주의 독재의 과제를 마르티노프에게 설명해주기 위해서는, 『새 라인 신문』의 견해를 자세히 살펴보는 것도 쓸모없는 일은 아닐 것이다.

1848년 9월 14일자 『새 라인 신문』은 다음과 같이 쓰고 있다. "혁명 후에 모든 임시적인 국가조직은 독재를, 그것도 강력한 독재를 요구한다. 처음부터 우리는 캄프하우젠 — 1848년 3월 18일 이후의 내각수반 — 이 독재자로서 행동하지 않은 것을 그리고 낡은 제도의 잔재를 즉시 박살내고 제거하지 않은 것을 비난해왔다. 그런데 캄프하우젠 씨가 입헌적 환상에 사로잡혀 자족하는 동안, 패배한 파(곧 반동파)는 관료층과 군대 내에서 자기의 위치를 강화하고 심지어 여기저기서 공공연한 투쟁을 감행하기 시작했다."[46]

메링이 옳게 언급하듯이, 이러한 말들은 『새 라인 신문』이 캄프하우젠 내각에 대한 장문의 논설에서 자세히 제시하는 모든 것을 몇 가지 명제로 요약하고 있다. 마르크스의 이러한 말들은 우리에게 무엇을 말해주는가? 그것은 임시 혁명정부는 독재적으로 행동해야만 한다는 사실(독재라는 슬로건을 꺼리는 『이스크라』로서는 전혀 납득할 수 없는 명제)을, 그리고 그와 같은 독재의 과제는 낡은 제도의 잔재를 파괴하는 것이라는 사실(반혁명에 맞선 투쟁에 관한 러시아 사회민주노동당 제3차 대회의 결

199

의안에는 명확하게 진술되어 있으나, 앞에서 살펴보았듯 협의회의 결의안에는 빠져 있는 명제)을 말해준다. 세 번째 그리고 마지막으로 부르주아 민주주의자들이 혁명과 공공연한 내전의 시기에 '입헌적 환상'에 빠져 있다고 마르크스가 힐난했다는 사실을 알 수 있다. 이러한 말들의 의미는 특히 1848년 6월 6일자 『새 라인 신문』에 실린 논설을 보면 아주 명백해진다. 마르크스는 다음과 같이 쓰고 있다. "제헌국민의회는 무엇보다도 행동하는, 혁명적으로 행동하는 의회여야 한다. 그러나 프랑크푸르트 의회는 정부의 행동을 방관한 채 의회주의라는 수업 연습에 여념이 없다. 이 학구적인 의회가 심사숙고 끝에 있을 수 있는 가장 좋은 의사일정과 가장 좋은 헌법을 마련하는 데 성공한다고 가정해보자. 그러나 그사이 만약 독일 정부가 의사일정에 총검을 들이댄다면, 있을 수 있는 가장 좋은 의사일정과 있을 수 있는 가장 좋은 헌법이 무슨 소용이 있겠는가?"[47]

이것이 독재라는 슬로건의 의미이다. 이것으로부터, 우리는 '제헌의회를 구성한다는 결정'을 결정적 승리라고 부르거나 우리에게 '철저한 혁명적 야당으로 머물라고 권유하는' 결의안에 대해 마르크스가 과연 어떠한 태도를 취했겠는가를 판단해볼 수 있지 않겠는가!

국민 생활의 중요한 문제들은 오직 무력에 의해서만 해결된다. 반동계급 스스로가 대개 누구보다 앞서 폭력에 그리고 내전에 호소한다. 그들은 러시아 전제정이 1월 9일 이래로 모든 곳에서 계획적으로 그리고 확고부동하게 그렇게 하고 있듯이, 누구보다 앞서 '의사일정에 총검을 들이댄다.' 그리고 그러한 상황이 발생한 이래, 총검이 진정으로 정치 의사일정의 가장 중요한 의제가 된 이래, 봉기가 필수적이고 절박한 것으로 판명된 이래, 입헌적 환상이나 의회주의라는 수업 연습은 혁명에 대한 부르주아지의 배신을 감추는 장막, 곧 부르주아지가 혁명에서 '물러서고' 있다는 것을 감추는 장막에 불과해진다. 진실로 혁명적인 계급이 이 경우에 내세워야 하는 것이 바로 독재라는 슬로건이다.

이러한 독재의 과제라는 문제에 대해 마르크스는 『새 라인 신문』에서 다음과 같이 쓰고 있다. "국민의회는 낡은 정부의 반동적 기도에 맞서서 독재적으로 행동했어야 하며, 그렇게 함으로써 모든 총검과 개머리판을 산산조각내버릴 여론의 힘을 스스로 얻었어야 한다. ······그러나 이 의회는 독일 인민들을 이끌거나 그들에 의해 이끌리기는커녕 인민들을 답답하게 하고 있다."[48] 마르크스의 견해에 따르면 국민의회는 '지금 독일에 존속하는 체제로부터 인민주권의 원칙에 어긋나는 것은 무엇이든 제거했어야' 하며 나아가 '혁명으로 쟁취한 인민주권을 모든 공격으로부터 지키기 위해 자신이 서 있는 혁명기반을 강화했어야'[49] 했다.

결과적으로, 마르크스가 1848년의 혁명정부나 혁명독재에 부여한 과제는 그 내용상 최우선적으로 **민주주의 혁명** 곧, 반혁명에 대한 방어와 인민주권에 어긋나는 모든 것의 실질적 제거를 뜻했다. 그것은 다름아닌 혁명적 민주주의 독재이다.

계속 나아가보자. 마르크스의 견해에 따르면, 어떤 계급이 이러한 과제(인민주권의 원칙을 완전하게 실천에 옮기고 반혁명

201

의 공세를 격퇴하는 것)를 수행할 수 있었으며 또 수행했어야만
했는가? 마르크스는 '인민'이라고 말한다. 그러나 우리는 마르
크스가 항상 '인민'의 단일성과 인민 내부에서의 계급투쟁의 부
재라는 프티부르주아적 환상에 맞서 냉혹하게 싸웠다는 사실
을 알고 있다. '인민'이라는 낱말을 사용하면서 마르크스는 계급
적 차이점을 얼버무린 게 아니라 혁명을 완수할 수 있는 확실한
분자들을 하나로 결합시켰던 것이다.

3월 18일 『새 라인 신문』은 베를린의 프롤레타리아트가 승
리를 거둔 이후 혁명의 결과가 이중으로 나타났다고 쓰고 있다.

> 한편으로는 인민무장, 결사권, 인민주권의 실질적 성
> 취를, 다른 한편으로는 왕정과 캄프하우젠–한제만 내
> 각, 곧 대부르주아지의 대표들로 구성된 정부의 온존
> 을 가져왔다. 따라서 혁명은 두 가지 계열의 결과를
> 가져왔는데, 이 두 가지 계열의 결과는 필연적으로 나
> 뉘지 않을 수 없었다. 인민은 승리를 얻었다. 인민은
> 명백하게 민주주의적 성격을 지닌 자유들을 쟁취했지
> 만 직접적 권력은 그들이 아니라 대부르주아지의 수
> 중에 떨어졌다. 간단히 말해 혁명은 완성되지 않았다.
> 인민은 대부르주아지의 대표들이 내각을 구성하는 것
> 을 방치했으며, 이 대부르주아지의 대표들은 옛 프로
> 이센의 귀족층이나 관료층에게 동맹을 제안함으로써
> 자신들이 무엇을 추구하는지를 즉시 보여주었다. 아
> 르님, 카니츠, 그리고 슈베린이 내각으로 들어갔다.

늘 반혁명적인 상층 부르주아지는 인민, 곧 노동자들과 민
주주의적 부르주아지를 두려워하여 반동분자들과 공수동
맹을 체결했다.[50]〔강조는 내가 한 것〕

그러므로 '제헌의회를 구성한다는 결정'뿐만 아니라 제헌의회
의 실질적 소집조차 혁명의 결정적 승리를 위해서는 충분하지
않다! 무장투쟁에서 부분적으로 승리(1848년 3월 18일 베를린 노
동자들이 군대에 대해 거둔 승리)를 거둔 후에도 '불완전한' 혁명,
'완수되지 않은' 혁명은 있을 수 있다. 그러면 혁명의 완수는 무
엇에 의존하는가? 그것은 직접적 권력이 누구의 수중으로 넘어
가는가에, 달리 말해 페트룬케비치류와 로디체프류, 곧 캄프하
우젠류와 한제만류의 수중으로 넘어가는가, 아니면 '인민', 곧
노동자와 민주주의적 부르주아지의 수중으로 넘어가는가에 달
려 있다. 첫 번째 경우에 부르주아지는 권력을 얻을 것이고 프
롤레타리아트는 '비판의 자유'를, 곧 '철저한 혁명적 야당으로
남을' 자유를 얻을 것이다. 승리한 직후에 부르주아지는 반동분
자들과 동맹을 체결할 것이다.(예를 들어 상트페테르부르크 노
동자들이 군대에 맞선 시가전에서 부분적 승리만을 거두고 나서
이 승리를 페트룬케비치류의 일당이 정부를 구성하도록 그들에게
넘겨준다면, 러시아에서도 필연적으로 이런 일이 발생할 것이다.)
두 번째 경우에는 혁명적 민주주의 독재, 곧 혁명의 완벽한 승
리가 가능할 것이다.

이제 마르크스의 '민주주의적 부르주아지'demokratische Bürger-
schaft라는 말이 실제로 무엇을 뜻했는가를 더 정확하게 규정하

203

는 문제가 남아 있다. 마르크스는 이들 민주주의적 부르주아지를 대부르주아지와 구별하여, 노동자들과 함께 인민이라고 불렀다.

이 문제에 대한 명쾌한 답변은 1848년 7월 29일자『새 라인 신문』의 한 논설에 나오는 다음의 구절에서 주어진다.

> ……1848년의 독일 혁명은 1789년의 프랑스 혁명의 서툰 모방에 불과하다.
>
> 바스티유 습격 3주 후인 1789년 8월 4일, 프랑스 인민은 단 하루 만에 모든 봉건적 의무를 물리쳤다.
>
> 3월의 시가전이 있고 나서 넉 달 후인 1848년 7월 11일, 봉건적 부담이 독일 인민을 물리쳤다. Teste Gierke cum Hansemanno.•
>
> 1789년의 프랑스 부르주아지는 자신의 동맹자인 농민들을 잠시도 곤경에 빠뜨리지 않았다. 부르주아지는 자신의 지배가 농촌에서의 봉건제 파괴에, 자유롭게 토지를 소유한grund-besitzenden 농민계급 창출에 기반을

• '한제만 씨와 더불어 기에르케 씨가 증인이다.' 한제만은 대부르주아지 정당을 대표하던 장관이다.(러시아의 경우 트루베츠코이나 로디체프 등등이 한제만에 해당된다.) 기에르케는 한제만 내각의 농업상이었다. 기에르케는 한 가지 계획, 곧 표면상 '무상으로' '봉건적 의무를 폐지하는' '대담한' 계획을 수립했으나, 사실상 이 계획은 사소하고 별로 중요하지 않은 의무들만을 폐지하는 것이었을 뿐 더 본질적인 의무들에 대한 보상은 그대로 보존하고 허용하는 것이었다. 기에르케 씨는 러시아의 카블루코프류, 마누일로프류, 헤르첸시테인류와 같은 인물이었으며, '농민 소유지의 확대'를 바라면서도 지주들을 공격하길 원치 않는, 농민(muzhik)의 부르주아 자유주의적 벗과 같은 인물이었다.

두고 있다는 것을 알았다.

1848년의 독일 부르주아지는 농민들을 조금도 거리낌없이 배신하고 있다. 그런데 농민들은 부르주아지의 천생의 동맹자요 혈육 중의 혈육으로서, 이들이 없으면 부르주아지는 귀족정에 맞설 힘이 없다.

봉건적 제 권리의 지속, (허울뿐인) 되사기를 가장한 봉건적 제 권리의 승인, 이것이 1848년 독일 혁명의 결과이다. 태산이 생쥐 한 마리를 낳은 꼴이다.[51]

이것은 매우 교훈적인 구절로서 우리는 여기에서 네 가지 중요한 명제를 얻는다. 첫째, 독일 부르주아지가 민주주의 일반뿐만 아니라 특히 농민도 배신했다는 점에서 미완의 독일 혁명은 완성된 프랑스 혁명과는 다르다. 둘째, 자유로운 농민계급의 창출은 민주주의 혁명의 완수를 위한 토대이다. 셋째, 이러한 계급의 창출은 봉건적 의무의 폐지, 봉건제의 파괴를 의미하나 아직 사회주의 혁명을 의미하지는 않는다. 넷째, 농민들은 부르주아지, 곧 민주주의적 부르주아지의 '천생의' 동맹자로서, 이들이 없으면 부르주아지는 반동에 맞설 '힘이 없다.'

구체적인 국가적 특수성을 적절히 고려하고 봉건제를 농노제로 바꾸어놓으면 이 모든 명제가 1905년 러시아에 그대로 적용될 수 있다. 마르크스가 명료하게 밝혀놓은 독일의 경험을 살펴보면 혁명의 결정적 승리를 위해서는 프롤레타리아트와 농민의 혁명적 민주주의 독재 외에 다른 어떤 슬로건도 우리에게 있을 수 없다는 사실은 의심할 나위가 없다. 1848년 마르크스

205

가 저항하는 반동들이나 변절한 부르주아지와 대비한 '인민'의 주요 구성요소가 프롤레타리아트와 농민이라는 사실은 의심할 나위가 없다. 러시아에서도 역시 자유주의적 부르주아지와 『해방』연맹의 신사님네들이 농민을 배신하고 있으며 배신할 것이라는 사실, 곧 사이비 개혁에 그치고 지주와 농민의 결정적 투쟁에서 지주 편에 가담할 것이라는 사실은 의심할 나위가 없다. 이러한 투쟁에서 프롤레타리아트만이 끝까지 농민을 지지할 수 있다. 마지막으로, 러시아에서도 역시 농민투쟁의 승리, 곧 전체 토지가 농민에게 양도되는 것이 완벽한 민주주의 혁명을 의미할 것이며 혁명의 완수를 위한 사회적 토대를 이룰 것이지만, 이것이 프티부르주아지 이념가들, 곧 사회혁명당원들이 이야기하는 사회주의 혁명이나 '사회주의화'는 결코 아니리라는 사실은 의심할 나위가 없다. 농민봉기의 성공, 민주주의 혁명의 승리는 민주주의 공화국의 토대 위에서 사회주의를 위한 실질적이고 결정적인 투쟁의 길을 열어주는 데 지나지 않는다. 이러한 투쟁에서, 토지를 소유한 계급으로서의 농민은 부르주아지가 민주주의를 위한 투쟁에서 지금 보여주고 있는 바와 같은 변절적이고 불안정한 역할을 수행할 것이다. 이러한 사실을 잊는 것은 사회주의를 잊는 것이며, 프롤레타리아트의 진정한 이익과 과제에 관해 자신을 포함한 여러 사람을 기만하는 것이다.

1848년에 마르크스가 지녔던 견해를 제시하는 데 허점을 남기지 않으려면 당시의 독일 사회민주주의(당시의 용어로 표현하자면 프롤레타리아트의 공산당)와 오늘날의 러시아 사회민주주의 사이의 한 가지 본질적 차이점에 주목할 필요가 있다.

메링은 다음과 같이 말하고 있다.

『새 라인 신문』은 '민주주의 기관지' 정치무대에 등장했다. 이 신문의 논설 전체를 관통하는 어떤 흐름이 있음은 틀림이 없다. 그러나 솔직한 의미에서 이 신문은 부르주아지의 이해관계에 맞서 프롤레타리아트의 이해관계를 옹호했다기보다는 절대주의와 봉건제에 맞서 부르주아 혁명의 이해관계를 옹호했다. 이 신문과 나란히 쾰른 노동자동맹의 독자적 기관지[52]가 몰과 샤퍼의 편집으로 주 2회 발행되었다는 사실을 잊어서는 안 되겠지만,『새 라인 신문』의 칼럼에서는 혁명기 동안의 독자적인 노동계급 운동에 대한 기사를 거의 찾아볼 수 없다. 비록 당시의 독일 노동계급 운동의 아주 유능한 인물인 슈테판 보른이 파리와 브뤼셀에서 마르크스와 엥겔스의 사도였으며 1848년에는 그들 신문의 베를린 특파원이었다고 할지라도, 어쨌든 오늘날의 독자들은『새 라인 신문』이 당시의 독일 노동계급 운동에 거의 관심을 기울이지 않았다는 사실에 놀랄 것이다. 자신의『회고록』에서 보른은 마르크스와 엥겔스가 자신의 노동자 선동에 대해 한마디도 반대를 표명하지 않았다고 말하고 있다.

그러나 엥겔스가 나중에 언급한 것으로 미루어보면, 그들이 적어도 그러한 선동 방법에 만족하고 있지는 않았다는 것이 거의 확실한 듯하다. 독일 대다수 지역

207

에서 보른이, 아직은 계급의식이 완전히 발달하지 못한 프롤레타리아트에게 많은 양보를, 그러나 『공산당 선언』의 관점에서 보면 비판을 견디어내기 힘든 양보를 하지 않을 수 없었다는 점에서, 마르크스와 엥겔스의 불만은 정당하다. 그러나 보른이 그럼에도 불구하고 자신의 선동을 비교적 높은 수준에서 용케 유지했다는 점에서, 그들의 불만은 정당하지 못하다. ……노동계급의 일차적 이익은 부르주아 혁명을 가능한 한 앞으로 몰고 가는 것이라고 생각한 점에서 마르크스와 엥겔스는 의심할 나위 없이 역사적으로 그리고 정치적으로 옳았다. ……그럼에도 불구하고, 노동계급 운동의 기본적 본능이 가장 탁월한 사상가들의 생각을 어떻게 수정할 수 있는가에 대한 괄목할 만한 증거는 1849년 4월에 마르크스와 엥겔스가 노동자들의 독자적인 조직을 옹호한다고 선언했으며, 특히 동엘베(동프로이센)의 프롤레타리아트가 준비하고 있는 노동자 대회에 참석하기로 결정했다는 사실에서 주어진다.

따라서 마르크스와 엥겔스가 노동자들의 독자적 조직을 옹호한다고 선언한 것은 혁명적인 신문이 창간된 지 거의 일 년 후인 1849년 4월이었던 것이다!(『새 라인 신문』은 1848년 6월 1일에 창간되었다.)

　　그때까지 그들은 독자적인 노동자 정당과는 어떠한 조직적 연계도 없는 '민주주의 기관지'를 발행하고 있었을 뿐이다.

오늘날의 관점에선 어처구니없고 있을 수 없어 보이는 이러한 사실은 당시의 독일 사회민주당과 오늘날의 러시아 사회민주노동당 사이의 엄청난 차이점을 우리에게 명확하게 보여주고 있다. 이러한 사실은 독일의 민주주의 혁명에서 운동의 프롤레타리아트적 특성, 곧 운동 내부의 프롤레타리아트적 조류가 얼마나 미미하게 나타났던가를 보여준다.(1848년의 독일은 경제적으로도 그리고 정치적으로도〔국가가 분열돼 있는〕후진국이었기 때문이다.) 마르크스가 이 시기 동안 그리고 그 이후로도 독자적인 프롤레타리아 정당을 조직할 필요성에 대해 여러 차례 선언했다는 사실을 평가할 때에 우리는 이러한 사실을 잊어서는 안 된다.(예컨대 플레하노프가 이러한 사실을 잊고 있는 것과는 달리.) 마르크스는 거의 일 년 후에, 곧 민주주의 혁명을 겪고 나서야 이러한 실제적 결론에 도달했다. 당시 독일의 전반적 분위기는 그토록 속물적이고 그토록 프티부르주아적이었던 것이다. 이러한 결론은 우리에게는 반세기에 걸친 국제 사회민주주의 경험에서 나온 친숙하고 굳건한 성과물이자 우리가 러시아 사회민주노동당을 조직하기 **시작하는** 데 토대가 된 성과물이다. 우리의 경우에는 예컨대 혁명적 프롤레타리아트 신문들이 프롤레타리아트 사회민주당과 관계없이 존재하거나 혹은 잠시만이라도 그저 '민주주의 기관지' 노릇만 한다는 것은 있을 수 없는 일이다.

그러나 마르크스와 슈테판 보른 사이에서 겨우 나타나기 시작했던 이러한 대조가 우리 경우에는 더욱 전개된 형태로 존재하는데, 이는 우리 혁명의 민주주의적 흐름 속에는 프롤레타

후기 ― 3 독재에 대한 속류 부르주아적 견해와 마르크스주의의 견해

리아적 조류가 더욱 강력하게 나타나고 있기 때문이다. 슈테판 보른이 수행했던 선동활동에 대한 마르크스와 엥겔스의 있음 직한 불만에 대해 언급하면서 메링은 너무나 온화하고 우회적으로 자신의 견해를 표현한다. 1885년 엥겔스가 보른에 대해 쓴 글(『쾰른 공산주의자 재판에 대한 폭로』〔취리히, 1885〕에 실린 자신의 서문)을 살펴보자.

공산주의자 동맹[53] 회원들은 도처에서 과격한 민주주의 운동의 선봉에 섰으며, 그럼으로써 동맹이 혁명활동의 뛰어난 학교임을 입증해주었다. 브뤼셀과 파리에서 동맹의 활동적인 회원으로 일했던 식자공 슈테판 보른은 베를린에서 노동자형제단Arbeiterverbrüderung을 창설했는데, 이 형제단은 상당히 광범위한 기반을 갖고 있었으며 1850년까지 존속했다. 보른은 상당히 유능한 청년이었으나 정치적 인물로 성장하기에는 너무 조급했으며, 군중을 끌어모으기 위해 아주 잡다한 어중이떠중이Krethi und Plethi와 '우애를 나누었다.' 그는 경향들을 통합해내고 암흑 속에 광명을 가져올 수 있는 인물은 전혀 아니었다. 그 결과, 단체의 공식 출판물들에는 『공산당 선언』에 나타난 견해가 길드적 회상과 길드적 열정, 루이 블랑과 프루동의 단편, 보호주의 따위와 뒤죽박죽으로 섞여 있었다. 간단히 말해 이자들 모두를 만족시키길allen alles sein 원했던 것이다. 특히 파업, 노동조합, 그리고 생산자협동조합이 추진되고 있

210

었으나 무엇보다도 그 같은 것들이 항구적 토대 위에서 실현될 수 있도록 해주는 유일한 **토양**을 정치적 승리를 통해 먼저 쟁취하는 것이 문제라는 사실은 간과되었다.〔강조는 내가 한 것〕 나중에, 반동의 승리에 의해 형제단 지도자들이 혁명투쟁에 직접 참여해야 할 필요성을 깨닫게 되었을 때, 그들이 자신들 주변에 모여든 당황한 대중에 의해 곤경에 빠지게 된 것은 당연한 일이었다. 보른은 1849년 5월 드레스덴 봉기에 참여했으나 운좋게 탈출했다. 그러나 노동자형제단은 **고립된 동맹**으로서 프롤레타리아트의 거대한 정치운동으로부터 이탈한 채 대체로 서류상으로만 존재했으며 부차적 역할을 수행했기 때문에, 반동세력은 1850년까지는 노동자형제단을 폐쇄할 필요를 느끼지 못했으며 그 지부들에 대해서는 몇 년 후까지도 폐쇄할 필요를 느끼지 못했다. 본명이 부터밀히*인 보른은 정치적 인물이 된 것이 아니라 스위스의 하찮은 교수가 되었다. 그는

• 엥겔스를 번역하면서, 나는 초판에서 **부터밀히**Buttermilch라는 말을 본명이 아니라 별명으로 처리하는 실수를 범했다. 이 실수는 자연히 멘셰비키에게 큰 즐거움을 주었다. 콜초프Koltsov는 내가 '엥겔스를 더 심원하게 만들었다'(논문집 『두 해』Two Years에 수록)고 썼으며, 플레하노프조차 지금 『토바리시』[54]에서 이 실수를 상기시키고 있다. 간단히 말해 이 실수는 1848년 독일 노동계급 운동의 두 가지 경향, 곧 보른적 경향(우리의 경제주의자들과 유사한)과 마르크스적 경향에 관한 문제를 얼버무릴 멋진 핑계를 제공했다. 비록 그것이 보른의 이름과 관련된 문제일지라도, 적대자의 실수를 이용한다는 것은 아주 자연스러운 일이다. 그러나 두 가지 전술 문제의 실체를 얼버무리기 위해 번역에 대한 교정을 문제 삼는다는 것은 본질적 논점을 회피하는 것이다.

211

후기 ― 3 독재에 대한 속류 부르주아적 견해와 마르크스주의의 견해

마르크스를 더는 길드적 언어로 번역하지 않았으며,
온순한 르낭을 자신의 천박한 독일어로 번역했다.[55]

이것이 민주주의 혁명에서 사회민주주의의 두 가지 전술에 대한 엥겔스의 판단이었다!

우리의 새 『이스크라』파 역시 '진리를 깨우쳤다'는 찬사를 왕정주의적 부르주아지로부터 얻어내려는 터무니없는 열정을 가지고 경제주의로 기울고 있다. 그들은 또한 자신들 주변에 잡다한 군중을 끌어모으고 경제주의자들에게 아첨하며 '독자적 행동', '민주주의', '자율성' 따위의 슬로건들로 후진적 대중을 선동적으로 유혹하고 있다. 그들의 노동조합 역시 흔히 흘레스타코프[••]식의 새 『이스크라』 지면에만 존재한다. 마찬가지로 그들의 슬로건과 결의안들은 '프롤레타리아트의 위대한 정치운동'의 과제들에 대한 몰이해를 보여준다.

●● 흘레스타코프Khlestacov는 고골의 희곡 『검찰관』에 나오는 주인공으로서 터무니없는 허풍선이의 대명사이다. [옮긴이 주]

1   레닌은 러시아 사회민주노동당 제3차 대회와, 같은 시기
     에 제네바에서 열린 멘셰비키 협의회가 끝난 뒤인 1905년
     6~7월에『민주주의 혁명과 사회민주주의의 두 가지 전술』
     을 썼다. 이 책의 중요성에 대해 레닌은 다음과 같이 썼다.
     "이 책은 멘셰비키와의 **근본적인** 전술적 차이를 체계적으
     로 진술한 것이다. 이들 차이점은 런던의 러시아 사회민주
     노동당(볼셰비키) 제3차 대회(봄)와 제네바의 멘셰비키 협
     의회에서 제각기 채택한 결의안에서 완전하게 정식화되
     었으며, 프롤레타리아트의 과제라는 관점에서 현 부르주
     아 혁명에 대한 볼셰비키와 멘셰비키의 평가를 가름하는
     기본적인 분기점을 이루었다."(V. I. 레닌,『전집』제13권, 111쪽) 이
     책의 간행은 당의 역정에서 하나의 중요한 사건이었다.

2   무장 순양함인 포툠킨호의 반란은 1905년 6월 14(27)일에
     일어났다. 반란자들은 총파업이 진행되고 있던 오데사로
     이 전함을 몰고 갔다. 하지만 오데사의 노동자들과 이 배
     의 승무원들은 공동 행동에 유리한 이 조건들을 이용하지
     못했다. 다시 바다로 나가 열하루를 보낸 그들은 식량과
     석탄이 떨어져가자 어쩔 수 없이 루마니아로 항해해서 루

213

마니아 당국에 투항했다. 대부분은 해외에 머물렀으며, 러시아로 돌아온 사람들은 구속되어 재판을 받았다. 포툠킨 호의 반란은 실패로 끝났지만 해군의 이 대형 함정이 혁명의 편으로 넘어왔다는 사실은 전제정에 맞선 투쟁에서 중요한 진전이었다.

3   『프롤레타리』*Proletary* (『프롤레타리아』)는 볼셰비키의 비합법 주간지다. 러시아 사회민주노동당 중앙 기관지인 이 신문은 제3차 당 대회의 결정으로 창간되었다. 1905년 4월 27일 (5월 10일)에 당 중앙위원회에서는 레닌을 이 신문의 편집장으로 지명했다.『프롤레타리』는 1905년 5월 14(27)일부터 11월 12(25)일까지 제네바에서 발간되어 모두 26호가 나왔다. 이 신문은 레닌이 주도했던 옛『이스크라』의 노선을 이어나갔다. 레닌은 이 신문에 논설과 논평 90여 편을 실었다. 그는 발행인 겸 편집인으로서 광범위한 작업을 수행했다. 이 신문은 러시아 노동계급 운동과 밀접한 관련을 맺고, 혁명운동에 몸소 함께했던 노동자들의 논설 및 논평을 실었다.

4   사회혁명당 강령은 1905년 12월 29일부터 이듬해 1월 6일까지 핀란드에서 열린 이 당의 제1차 대회에서 채택되었다. 사회혁명당은 다양한 나로드니키 집단과 서클을 통합하여 1901년 말 혹은 1902년 초에 창당되었다. 그들의 농업 강령은 토지의 사적 소유를 폐지하고, 공평하게 이용한다는 것을 전제로 그 토지를 공동체에 양도하며, 갖가지 협동조합을 장려한다는 것을 상정했다. 레닌은 그들이

214

주장한 대로 노동계급의 지배를 확립하지 않고 기본 생산수단(은행, 대규모 공장, 철도)을 모두 노동계급의 손에 넘기지 않은 채 토지의 사적 소유만 폐지해서는, 자본주의의 지배를 파괴하고 대중의 빈곤을 끝장낼 수 없다고 지적했다. 사회혁명당의 농업 강령에서 현실적이며 역사적으로 진보적인 요소는 그것이 지주 소유지의 폐지를 요구했다는 점이다.

5 『해방』은 1902년 6월 18일(7월 1일)부터 1905년 10월 5(18)일까지 P. B. 스트루베의 편집으로 해외에서 발행된 격주간지다. 이 신문은 러시아 자유주의적 부르주아지의 대변지로서, 온건한 왕정주의적 자유주의 성향을 띠었다. 이 신문을 중심으로 1903년 '해방연맹'이 형성되어 1904년 1월에 본격적 모습을 갖췄다. 1905년 10월에 해방연맹은 젬스트보 입헌주의자들과 함께 입헌민주당의 핵을 이루었고, 이 당은 러시아의 대표적인 부르주아 정당이 되었다.

입헌민주당Kadet은 러시아 자유주의 왕정주의적 부르주아지의 대표적인 정치 조직으로서 1905년 10월에 창당되었다. 이 당은 부르주아지의 대표자들, 젬스트보 관리들, 지식인들로 구성되었다. 레닌은 그들이 입헌왕정을 요구하는 데에 그치고 제1차 세계대전 중에는 차르 정부의 대외 정책을 적극 지지했다고 비판했다.

6 새『이스크라』파는 이 책에서 멘셰비키를 가리키는 호칭으로, 레닌이 주도하던 옛『이스크라』와 뜻을 달리한 이들

215

이 러시아 사회민주노동당 제2차 대회에서 1903년에 형성했다. 이 대회에서 레닌주의자들은 당 중앙위원회 선거에서 다수표를 받아 볼셰비키(다수파)라 불린 반면, 소수였던 기회주의자들은 멘셰비키(소수파)로 알려지게 되었다.

7 러시아 사회민주노동당 제3차 대회는 1905년 4월 12~27일(4월 25일~5월 10일)에 런던에서 열렸다. 이 대회는 볼셰비키가 준비했으며, 레닌의 지도 아래 열렸다.(멘셰비키는 여기에 참여하기를 거부하고 제네바에서 자신들의 협의회를 열었다.) 이 대회는 부르주아 민주주의 혁명에서 필요한 당의 전략 및 전술을 입안했다. 이 대회에서 제시했던 가장 중요한 당면 목표는 무장봉기를 조직하는 일이었다. 대회에서는, 무장봉기에 이어 임시 혁명정부를 수립해야 하며, 이 임시정부는 반혁명의 저항을 무찌르고, 러시아 사회민주노동당의 최소강령(주 22를 볼 것)을 실행하며, 사회주의 혁명으로 이행하는 데 필요한 조건을 마련하는 따위의 일을 해야 한다고 지적했다. 대회에서는 새로운 중앙 기관지로『프롤레타리』라는 신문을 창간했으며, 1905년 4월 27일(5월 10일)에 열린 중앙위원회 전체 회의에서는 레닌을『프롤레타리』편집장으로 지명했다. 이 대회의 의의는 이것이 볼셰비키 당의 첫 대회였으며, 이 대회를 통해 당과 노동계급이 민주주의 혁명을 위한 전투적인 투쟁 강령을 가지게 되었다는 점이다.

8 불리긴 위원회는 차르의 명에 따라 내무대신 A. G. 불리긴을 의장으로 해서 1905년 2월 18일(3월 3일)에 소집된

비상회의이다. 여기에는 대지주와 반동적 귀족 대표자들이 포함되었으며, 그 목적은 자문 기능을 하는 국가 두마Duma의 소집에 관한 법령을 기초하는 것이었다.

9 1905년 1월 9일에 군대는 차르의 명령을 받아, 평화적 시위를 벌이던 상트페테르부르크 노동자들에게 발포했다. 그들은 차르에게 청원서를 올리기 위해 가폰 신부를 앞세우고 겨울궁전으로 행진하던 중이었다. 비무장 노동자들을 쏘아죽임으로써 '전제 타도'를 슬로건으로 한 대중 정치파업 및 시위가 러시아 전역에 불타올랐다. 이는 1905~1907년 제1차 러시아 혁명의 시발이었다.

10 프랑크푸르트 의회는 1848년 3월의 독일 혁명 이후에 소집된 전 독일 국민의회로, 1848년 5월 18일 프랑크푸르트에서 그 회의를 시작했다. 이 의회의 주요 목적은 정치적 분할 상태를 종식시키고 전 독일 헌법을 기초하는 것이었다. 하지만 이 의회는 1848~1849년 독일 혁명의 기본 문제들에 대해 확고한 입장을 취하지 못하다가 1849년 6월에 뷔르템베르크 정부군에 의해 해산되었다.

11 『새 라인 신문』은 1848년 6월 1일부터 1849년 5월 19일까지 쾰른에서 발행되었다. 이 신문은 마르크스를 편집장으로 하고 엥겔스가 그와 더불어 주도했다. 레닌의 말을 빌리자면, 이 신문은 '혁명적 프롤레타리아트의 가장 훌륭하고 탁월한 기관지'였다.

12 『사회민주주의자』는 1906년 4월 7(20)일부터 11월 13(26)일까지 티플리스Tiflis에서 그루지야어로 발간된 멘셰비키

217

신문으로 모두 6호가 나왔다. 이 신문은 그루지야 멘셰비키의 지도자인 조르다냐 N. Jordania가 이끌었다.

13 시포프 D. N. Shipov가 기초한 국가체계의 안案에 대한 언급이다. 그는 지방 자치정부제(젬스트보)의 우익을 주도하던 온건한 자유주의자였다. 시포프는 혁명에 한계를 짓는 동시에 젬스트보에 유리한 약간의 양보를 차르 정부로부터 얻어내려고 하면서 차르 밑에 있는 자문 기능의 대의제를 구성하자고 권고했다.

14 『루스카야 스타리나』Russkaya Starina(『러시아의 과거』)는 1870년부터 1918년까지 상트페테르부르크에서 발행된 역사학 월간지다.

15 마르크스가 쓴『포이어바흐에 관한 테제』(K. Marx, F. Engels, *Selected Works* Vol.II, Moscow, 1962, pp.403~405)

16 '전면적 재분배'란 차르 러시아 치하의 농민들 사이에 널리 퍼져 있던 슬로건으로서, 토지의 전면적 재분배라는 그들의 바람을 나타내고 있다.

17 『루스키예 베도모스치』Russkiye Vodemosti(『러시아 소식』)는 온건한 자유주의적 인텔리겐차의 견해를 표현하던 신문으로 1863년부터 1918년까지 모스크바에서 발행되었다.
『신 오테체스트바』Syn Otechestva(『조국의 아들』)는 1856년부터 1900년까지, 그리고 1904년 11월 18일(12월 1일)부터 1905년 12월 2(15)일까지 상트페테르부르크에서 발행된 자유주의적 신문이다.
『나샤 지즌』Nasha Zhizn(『우리의 삶』)은 1904년 11월 6(19)일부

터 1906년 7월 11(24)일까지 상트페테르부르크에서 간헐
적으로 발행된 자유주의적 일간지다.

『나시 드니』*Nashi Dni*(『현대』)는 1904년 12월 18(31)일부터
1905년 2월 5(18)일까지 상트페테르부르크에서 발행된 자
유주의적 일간지다.

이 신문은 1905년 12월 7(20)일에 복간되었으나 모두 2호
밖에 나오지 못했다.

18 **목도리를 두른 사나이**는 체호프가 쓴 같은 이름의 소설에
나오는 인물로, 변화나 솔선을 두려워하는 편협한 속물을
특징짓기 위해 사용한 말이다.

19 K. Marx, F. Engels, *Selected Works* Vol.I, Moscow, 1962,
p.67.

20 **지롱드파**와 **자코뱅파**는 18세기 말 프랑스 혁명 동안에 있었
던 두 정파의 성원들이다. 지롱드파는 혁명과 반혁명 사
이에서 동요하면서 왕정과 타협했던 온건한 부르주아지
의 이해관계를 대변했다. 자코뱅파는 절대주의와 봉건제
의 종식을 일관되게 요구했던 가장 단호한 분파, 곧 혁명
적 민주주의자들을 대변했다. 그들은 1973년 5월 31일에서
7월 2일에 걸친 인민봉기에 앞장섬으로써 자코뱅 독재를
수립했다. 레닌은 멘셰비키를 사회민주주의 운동의 지롱
드파라고 불렀다.

21 1905년 6월 6(19)일에 젬스트보 대표단이 니콜라이 2세를
알현했던 사실에 대한 언급이다. 이 대표단은 차르에게 제
출할 청원서에서, 차르와의 합의 아래 '개혁된 국가체계'를

219

수립하기 위해 인민의 대표자들을 소집하라고 요청했다.

22 1903년에 열린 러시아 사회민주노동당 제2차 대회에서는 최대강령과 최소강령 두 부분으로 이루어진 당 강령을 채택했다. 최대강령은 사회주의 사회를 건설하기 위해 사회주의 혁명의 승리와 프롤레타리아트 독재의 수립을 요구했다. 최소강령은 전제정 타도, 민주주의 공화국 수립, 8시간 노동일 도입, 지방에 남아 있는 농노제의 모든 잔재 척결 등 당의 당면한 요구를 다루고 있다.

23 이것은 자유주의자들에 대해 취해야 할 태도에 관한 결의안을 언급한 것으로서, 이 결의안은 포트레소프 A. N. Potresov 가 제출했고 러시아 사회민주노동당 제2차 대회에서 통과했다.

24 러일전쟁 중이던 1905년 5월 14~15(27~28)일에 벌어진 쓰시마 해전을 말한다. 이 전투는 러시아 함대의 패배로 끝났다.

25 레닌은 '의회주의 백치병'이라는 표현을 되풀이해서 쓰고 있으며, 마르크스와 엥겔스도 이 표현을 쓴 바 있다. 레닌은 이들이, 의회제도가 전지전능하며 이 의회활동만이 어떤 조건에서든 단 하나의 주된 정치투쟁 형태라 주장한다고 비판했다.

26 1895년 10월 6~12일에 브레슬라우에서 열린 독일 사회민주당 대회에서 제출된 농업강령 초안을 지지한 사람으로는 베벨 A. Bebel 과 리프크네히트 W. Liebknecht 가 있었다. 카우츠키와 체트킨 C. Zetkin 및 다른 사회민주주의자들은 이 안

을 격렬하게 비판했으며, 다수투표로 부결시켰다.

27 **검은100명대**는 혁명운동과 싸우기 위해 차르 경찰에서 조 직한 왕당파 폭력단이다. 그들은 혁명가들을 살해하고, 진 보적 지식인들을 공격했으며, 유태인 학살을 감행했다.

28 『프랑크푸르터 차이퉁』*Frankfurter Zeitung*(『프랑크푸르트 신문』)은 독일의 일간지로, 1856년부터 1943년까지 프랑크푸르트에 서 발행되었다. 1949년에 『프랑크푸르터 알게마이네』*Frank-furter Allgemeine*로 이름을 바꾸었다.

29 레닌은 한때 파리코뮌 구성원이었던 블랑키주의자들의 런던그룹이 1874년에 출판한 강령을 언급하고 있다. 블랑 키주의는 프랑스 사회주의 운동의 한 조류로, 탁월한 혁명 가이자 프랑스 공상적 공산주의의 지도자인 루이 오귀스 트 블랑키가 주도했다. 블랑키주의자들은 레닌이 쓰고 있 는 바와 같이 '인류는 프롤레타리아트의 계급투쟁이 아니 라 소수의 지식인들이 꾸민 음모를 통해 임금노예제로부 터 해방될 것'이라고 예상했다.(V. I. Lenin, *Collected Works* Vol.10, p.392)

30 베르사유는 파리의 근교로서, 1871년의 파리코뮌 당시 티 에르 반혁명 정부의 지휘본부가 이곳에 있었다.

31 독일 사회민주당의 **에르푸르트 강령**은 1891년 10월 에르푸 르트의 당 대회에서 채택되었다. 고타 강령(1875)에 비해 그것은 진일보한 것이었다. 에르푸르트 강령은 자본주의 적 생산양식의 필연적 붕괴와 사회주의적 생산양식에 의 한 자본주의적 생산양식의 대체라는 마르크스주의 이론

221

에 입각한 것이었다. 그것은 노동계급이 정치투쟁에 가담해야만 한다는 것을 역설했으며 이러한 투쟁의 지도자로서 당의 역할 등등을 강조했다. 엥겔스는 자신의 『1891년 사회민주당 강령 초안 비판에 대한 기고』*Contribution to the Critique of the Draft Social Democratic Programme of 1891*에서 에르푸르트 강령 초안에 대해 광범위한 비판을 가했다. 레닌은 에르푸르트 강령의 주요 결점이 기회주의에 대한 소심한 양보, 곧 강령이 프롤레타리아트 독재를 말없이 누락한 것이라고 생각했다.

32 F. Engels, *Die Künftige italienische Revolution und die Sozialistische Partei* Bd.22, S.439~442, Dietz Verlag, Berlin, 1963.

33 『크레도』*Credo*(『신조』)는 1899년 러시아 '소장파' 사회민주주의자들이 쓴 글로, 프롤레타리아트는 정치적 영역에서 독자적 역할을 할 수 없다고 주장하는 내용이었다.

34 『헤겔 법철학 비판』*Zur Kritik der Hegelschen Rechtsphilosophie*에서 마르크스가 언급한 진술을 참조할 것.(Marx/Engels, *Werke* Bd.I, S.380, Dietz Verlag, Berlin, 1956)

35 『뤼마니테』*L'Humanité*(『인류』)는 1904년에 장 조레스Jean Jaurès가 프랑스 사회당 기관지로 창간한 일간지이다. 1905년 『뤼마니테』는 러시아에서 발발한 혁명을 환호했다. 제1차 세계대전 시기 동안 『뤼마니테』는 프랑스 사회당 내의 국수주의적 극우파에 의해 통제되었다. 1920년 12월에 프랑스 사회당이 투르Tours에서 분열되고 프랑스 공산당이 창건됨에 따라 이 신문은 후자의 중앙 기관지가 되었다.

36 1904~1905년의 러일전쟁을 말한다. 이 전쟁에서 러시아 차르 정부는 패배했다.

37 레닌은 프랑스 노동계급 운동과 제1인터내셔널의 뛰어난 인물인 루이 외젠 바를랭Louis-Eugène Varlin이 1871년 파리코 뮌 평의회에 참여한 것을 언급하고 있다.

38 **러시아 사회민주노동당** 제2차 대회는 1903년 7월 17(30)일부 터 8월 10(23)일에 걸쳐『이스크라』편집진의 주도로 개최 되었다. 이때 승인된 당 강령에서는 임박한 부르주아 민주 주의 혁명에서 프롤레타리아트의 당면목표들(최소강령)과 사회주의 혁명의 승리와 프롤레타리아 독재의 수립에 따 른 프롤레타리아트의 과제들(최대강령)이 정식화되었다.

39 1904년 가을부터 1905년 1월까지의 기간 동안 이루어진 운동으로 대회, 회합, 연회 등이 행해졌으며 온건한 입헌 주의적 성격의 결의안이 채택되었다.

40 K. Marx, F. Engels, *Selected Works* Vol.I, Moscow, 1962. p.271.

41 브렌타노식 계급투쟁을 언급하면서 레닌은 독일의 경제 학자 루요 브렌타노Lujo Brentano(1844~1931)의 견해를 염두에 두고 있다. 브렌타노는 자본주의 사회의 '사회적 평화'를 설교했고 나아가 자본주의의 사회적 모순이 계급투쟁 없 이도 극복될 수 있고 노동계급 문제가 해결 가능하며 노동 자와 자본가의 이해관계가 노동조합 조직과 공장입법의 채택을 통해 조화될 수 있다고 믿었다.

42 독일의 히르슈-둥커식 노동조합은 1868년 진보당의 지도

223

자 히르슈M. Hirsch와 둥커F. Duncker에 의해 설립되었다. 이
들은 노·자 간 이해관계의 '조화'를 강조했으며, 자본가가
노동자와 더불어 노동조합 회원이 될 수 있으며 따라서 파
업투쟁은 필요가 없다고 생각했다. 이들 노동조합의 활동
은 주로 상호부조기금과 교육-문화 조직에 그쳤다.

43 『라스베트』*Rassvet*(『여명』)는 1905년 3월 1일(14일)부터 11월
29일(12월 12일)까지 상트페테르부르크에서 출판된 합법
적 자유주의 일간지이다.

44 『자랴』*Zarya*(『새벽』)는 마르크스주의의 과학 정치 잡지로서
1901~1902년에 슈투트가르트에서 『이스크라』 편집국에
의해 합법적으로 출판되었다. 『자랴』는 러시아 국내 및 국
외의 수정주의를 비판했으며 마르크스주의의 이론적 제
원칙을 지지했다.

45 『모스콥스키예 베도모스치』*Moskovskiye Vedomosti*(『모스크바 통신』)
는 1756년 모스크바 대학이 간행한 신문이다. 1863~1887년
에 이 신문은 왕정주의적 민족주의자들의 기관지로서 지
주와 종교인 등 우익적인 집단의 견해를 옹호했다. 1905년
이 신문은 검은100명대의 주요 기관지 중 하나였다.

46 K. Marx, *Die Krisis und Konterrevolution* (Marx/Engels, *Werke*
Bd.5, S.398~404, Dietz Verlag, Berlin, 1959)

47,48 K. Marx, F. Engels, *Programme der radikal-demo-kratischen
Partei und der Linken zu Frankfurt* (Marx/Engels, *Werke* Bd.5,
S.39~43, Dietz Verlag, Berlin, 1959)

49 레닌은 『프랑크푸르터 페어잠룽』*Frankfurter Versammlung*(『프랑크

푸르트 회합』)에 실린 엥겔스의 한 논설(Marx/Engels, *Werke* Bd.5, S.14~17, Dietz Verlag, Berlin, 1959)을 인용하고 있다.

50 F. Engels, *Die Berliner Debatte über die Revolution*(Marx/Engels, *Werke* Bd.5, S.64~77, Dietz Verlag, Berlin, 1959)

51 K. Marx, *Die Gesetzentwurf über die Aufhebungen der Feudallasten*(Marx / Engels, *Werke* Bd.5, S.278~283, Dietz Verlag, Berlin, 1959).

52 이 쾰른 노동자동맹의 기관지는 처음에는 『쾰른 노동자동맹 신문』*Zeitung des Arbeiter-Vereins zu Köln*이라 불렸으며 자유, 우애, 노동이라는 부제를 달고 있었다. 1848년 4월부터 1848년 10월까지 총 40호가 발행되었다. 거기에는 쾰른 노동자동맹과 라인 주의 여러 노동조합 활동에 대한 보고문이 실려 있었다. 10월 26일에 이 신문은 『자유, 우애, 노동』이라는 이름으로 복간되었으며, 잠시 동안의 정간 기간을 거쳐 1849년 6월 24일까지 간행되었다. 총 32호가 발행되었다.

53 공산주의자 동맹Communist League은 혁명적 프롤레타리아트 최초의 국제 조직이었다. 이것은 혁명적 프롤레타리아트 조직들에서 파견된 대표들의 대회에서 1847년 여름에 런던에서 결성되었다. 마르크스와 엥겔스는 이 동맹의 조직자이자 지도자였으며, 동맹의 지시를 받아 『공산당 선언』을 썼다. 동맹은 1852년까지 존속했으며, 이때의 탁월한 인물들은 후에 제1차 인터내셔널에서 지도적 역할을 수행했다.

54 『토바리시』*Tovarishch*(『동지』)는 1906년 3월 15(28)일부터 1907

225

년 12월 30일(1908년 1월 12일)까지 상트페테르부르크에서 출판된 일간지이다. 이 신문은 공식적으로 어떤 당에도 속하지 않았지만 좌파 입헌민주주의적 성향을 띠고 있었다.

55 K. Marx, F. Engels, *Selected Works* Vol.II, Moscow, 1962, p.352.

인명 색인

ㄱ

가폰 Gapon, G. A (1870~1906) 79, 217

성직자. 주바토프 조직의 참여자였다. 1905년 1월 9일
차르에게 청원서를 올리기 위한 페테르부르크 노동자
들의 시위를 주도했다. 시위대에 대한 발포가 있은 뒤
해외로 도피한 그는 러시아에 되돌아와 '오흐란카'(러
시아의 비밀경찰)와 다시 관련을 맺었다. 나중에 선동
분자agent provocateur 라는 것이 탄로나 사회혁명당원들
의 손에 피살당했다.

그레제스쿨 Gredescul, N. A. (1864~1930) 190

법률가이자 정치평론가로서 입헌민주당원이었다.
1916년 탈당했으며 10월 사회주의 혁명 이후에는 고
등교육 기관에서 교수로 일했다.

기에르케 Gierke, J. (1807~1855) 204

자유주의자. 프로이센 농업상(1848)과 프로이센 의회
의 의원을 지냈다.

ㄴ

나데즈딘 Nadezhdin, L. (1877~1905) 104

　　　일명 젤렌스키Y. O. Zelensky로 불리던 인민주의자로서
　　　정치활동을 시작했으나 나중에 사회민주주의 조직에
　　　가담했다. 레닌이 주도하던『이스크라』파에 반대한 그
　　　는 사회민주노동당 제2차 대회(1903) 이후에는 멘셰
　　　비키 간행물에 글을 썼다.

니콜라이 2세 Nikolai II (1868~1918) 84, 94, 192, 219

　　　로마노프 왕조와 러시아 전제정의 마지막 황제로서
　　　1894년부터 1917년까지 통치했다. 우랄 산맥 지역 노
　　　동자-병사 소비에트의 결정으로 1918년 7월 17일에
　　　예카테린부르크(스베르들롭스크)에서 총살당했다.

ㄹ

레오 13세 Leo XIII (1810~1903) 192

　　　본명은 빈첸조 조아치노 페치Vincenzo Gioacchino Pecci이
　　　며, 1878년에 교황으로 선출되었다.

로디체프 Rodichev, F. I. (1856~?) 180, 203, 204

　　　트베르의 지주, 젬스트보 관리였으며 입헌민주당 지
　　　도자로 당 중앙위원을 지냈다. 10월 사회주의 혁명 이
　　　후 해외로 이주했다.

르낭, 에르네스트 Renan, Joseph Ernest (1823~1892) 212

　　　프랑스의 과학자, 종교사가이자 관념론 철학자. 기독
　　　교 선교 초기에 관한 책으로 유명했다.

228

리프크네히트, 칼 Liebknecht, Karl (1871~1919) 220

　　독일 및 국제 노동계급 운동의 지도자. '스파르타쿠스
　　동맹'의 조직자이자 지도자 가운데 하나였던 그는 독
　　일 11월 혁명 때 로자 룩셈부르크와 함께 독일 노동자
　　들의 혁명적 전위를 이끌었다. 독일공산당의 창건자이
　　자 1919년 1월에 일어난 노동자들의 베를린 봉기의 지
　　도자이기도 했던 그는 봉기가 진압된 뒤 암살당했다.

　　　ㅁ

마누일로프 Manuilov, A. A. (1861~1929) 204

　　러시아의 경제학자. 입헌민주당의 이름난 인물이었다.

마르크스, 칼 Marx, Karl (1818~1883) 26, 27, 46, 56, 60, 61, 68,
　　70, 73, 74, 78, 79, 83, 98, 99, 112, 115, 119, 130, 131,
　　145~147, 150, 164, 166, 167, 173, 174, 181, 183, 185,
　　193, 198~212

　　과학적 공산주의의 창시자로 불리는 사상가, 경제학자.

마르토프 Martov, L. (1873~1923) 116, 179

　　일명 체제르바움 Y. O. Tsederbaum 으로 불린, 멘셰비즘의
　　지도자 가운데 한 사람.

마르티노프 Martynov, A. (1865~1935) 41, 44, 48, 59, 98, 108,
　　112, 114, 116, 123, 141, 144, 146, 160, 161, 185~187,
　　194~199

　　일명 피케르 A. S. Piker 로 불린 인물로 멘셰비키의 이름
　　난 지도자 중 하나였다.

229

는 코뮌의 좌익 소수파에 가담하여 영웅적으로 바리
케이드전을 벌였다. 5월 28일에 베르사유 측에 잡혀
고문을 받다가 총살당했다.

바쿠닌 Bakunin, M. A. (1814~1876) 141, 185

인민주의와 무정부주의의 이론가. 1848~1849년의 독
일 혁명 참여자였으며 제1차 인터내셔널 회원이었다.

베른슈타인, 에두아르트 Bernstein, Eduard (1850~1932) 113, 142,
144, 159

독일 사회민주주의자들 및 제2차 인터내셔널 내의 지
도자 중 한 사람으로 노동계급 운동의 주요 과제는 자
본주의하에서 노동자들의 경제적 조건의 개선을 가져
올 개혁을 위한 투쟁이라고 보았다.

베벨, 아우구스트 Bebel, August (1840~1913) 97, 98, 220

독일 사회민주주의 및 제2차 인터내셔널의 지도자 가
운데 한 사람으로 제1차 인터내셔널 회원이기도 했다.
1869년에 빌헬름 리프크네히트와 함께 독일 사회민주
주의노동당(아이제나흐파)을 창건했다.

보른, 슈테판 Born, Stefan (1824~1898) 207~211

일명 지몬 부터밀히Simon Buttermilch. 독일 노동계급 운
동의 인물 중 하나. 개량주의자라 비판받았다.

불리긴 Bulygin, A. G. (1851~1919) 29, 82, 89, 92~94, 216

제정 러시아의 정치가이자 대지주. 1905년 1월 20일부
터 내무장관 자리에 앉은 그는 차르의 지시에 따라 자
문 기능의 국가 두마를 소집하기 위한 법안을 기초하

는 일을 맡았다.

블랑, 루이 Blanc, Louis (1811~1882) 210

프랑스의 사회주의자이자 역사가.

비스마르크 Bismarck, O. E. L. (1815~1898) 192

프로이센과 독일의 정치가이자 외교가. 1871년부터
1890년까지 독일제국의 재상을 지냈다.

독일의 정치가로서 라인 자유주의의 지도자 가운데
한 사람. 1848년 3월부터 6월까지 프로이센의 자유주
의 정부를 이끌었다.

콜초프 Koltzov, D. (1863~1920) 211

일명 긴스부르그 B.A.Ginsburg 라 불린 사회민주주의자로
서 적극적인 멘셰비키 당원이었다.

크리쳅스키 Krichevsky, B. N. (1866~1919) 98

사회민주주의자, 정치평론가. '경제주의' 지지자 중 한
사람이다.

ㅌ

트로츠키 Trotsky, L. D. (1879~1940) 27, 98

본명은 레프 다비도비치 브론시테인 Lev Davidovich Bron-
stein 이다. 레닌과는 런던에서 처음 만나 『이스크라』의
편집 활동을 함께하는 등 '레닌의 곤봉'이라고도 불릴
정도의 조력자였지만 곧 레닌의 노선에 반발하고 멘
셰비키에 가담함으로써 12년여간 반목했다. 오랜 망
명을 거치며 활동을 계속하다 이후 볼셰비키로 전환,
1917년 10월의 러시아 혁명에서는 레닌과 함께 볼셰
비키의 지도자가 되어 소비에트 연방을 건설하고 붉
은군대를 창립했다.

트루베츠코이 Trubetskoi, S. N. (1862~1905) 180, 204

공작. 자유주의자이며 관념론 철학자이다. 온건한 헌
법을 도입함으로써 차리즘을 강화하려고 했다.

티에르, 아돌프 Thiers, Adolphe (1797~1877)   193

프랑스의 부르주아 정치가이자 역사가. 프랑스 내전 및 파리코뮌 진압에 앞장선 주요 조직자 가운데 하나이다.

ㅍ

페트룬케비치 Petrunkevich, I. I. (1848~1928)   84, 180, 203

지주이자 젬스트보 관리이다. 입헌민주당의 창건자 및 뛰어난 지도자 가운데 한 사람이자 당 중앙위원회의 위원으로서 당 중앙위원회 의장을 지냈다. 10월 사회주의 혁명 이후 해외로 이주했다.

포이어바흐, 루트비히 Feuerbach, Ludwig A. (1804~1872)   61, 218

유물론자이자 무신론자로서 마르크스주의의 밑거름이 된 한 사람. 헤겔의 관념철학을 비판하여 관념론과 종교의 관련을 드러냈다.

포트레소프 Potresov, A. N. (1869~1934)   220

일명 스타로베르Starover라 불린 멘셰비키 지도자 가운데 한 사람.

프로코포비치Prokopovich S. N. (1871~1955)   181

경제학자이자 언론인. 1906년에 입헌민주당 중앙위원회 위원이 되었다.

프루동, 피에르 조제프 Proudhon, Pierre-Joseph (1809~1865)   210

프랑스의 정치평론가, 경제학자, 사회학자. 무정부주의의 창시자 중 한 사람이다.

235